未完の
人民元改革

国際通貨への道

関 志雄 著
C.H. Kwan

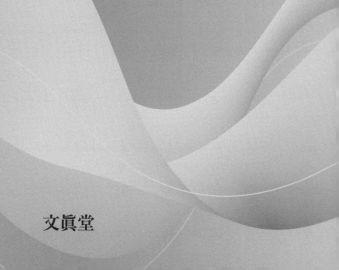

文眞堂

はしがき

　中国では，2001 年の世界貿易機関（WTO）加盟を経て，外貨準備の急増に象徴されるように，人民元が上昇圧力に晒されるようになった。当局は，2005年7月になって，ようやく，1997 年のアジア通貨・金融危機以降に事実上採用していたドルペッグ制（ドル連動制）を放棄し，人民元の切り上げと同時に「管理変動相場制」への移行に踏み切った。資本移動の規模が大きくなる中で，金融政策の独立性を維持するためには，最終的に，原則として当局が外為市場に介入せず，人民元レートの決定を市場に任せるという「完全変動相場制」への移行が避けられないが，この過程はいまだ道半ばである。「完全変動相場制」への移行は，資本取引の自由化などと共に，政府が進めている人民元の国際化の前提条件となる。

　本書は，筆者が 2004 年以降に，市場と政策の動向を観察しながら執筆した人民元に関する論文を「モジュール」として体系的に統合したもので，その狙いは，「完全変動相場制」への移行を軸に，人民元改革を考える時の一つの枠組みを提供することである。そのため，論文を単に発表時期の順で並べるのではなく，これらをテーマ毎に分類し，各論文の間の関係が分かるように章立てを工夫している。具体的に，第Ⅰ部（第1章－第2章）では「WTO 加盟後の人民元切り上げを巡る議論」，第Ⅱ部（第3章－第5章）では「2005 年以降に採用されている『管理変動相場制』の実態」，第Ⅲ部（第6章－第8章）では「『完全変動相場制』への道」，第Ⅳ部（第9章－第11章）では「注目されるチャイナ・マネーの行方」，第Ⅴ部（第12章－第15章）では「人民元の国際化に向けての課題」を取り扱う。各部（必要に応じて章）の冒頭には，解説を兼ねる導入文を追加している。編集の原則として，一部の重複を削減し，用語や表記を統一し，文章を読みやすくし，引用された文献の出所を明記する以外は，発表当時の内容をそのまま掲載している。

　筆者は，30 年を超えたエコノミストとしてのキャリアにおいて，経済発展と計画経済から市場経済への移行を軸に，景気動向や，金融・財政，貿易，産業・企業など，中国経済全般を研究してきたが，特に人民元問題についていろ

いろな角度から分析してきた。その成果の一部は既に 2004 年に『人民元切り上げ論争』（関志雄／中国社会科学院世界経済政治研究所編，東洋経済新報社）というタイトルで出版されたが，本書はその後の変化に焦点を当てている。

　筆者が人民元など，通貨問題に興味を持つようになったきっかけは，1979 年 10 月に文部省奨学生として香港から東京大学大学院経済学研究科に留学し，浜田宏一先生の指導を受けて国際金融論を学んだことに遡る。博士課程在学中に，チャールーズ・ユウジ・ホリオカ氏（現神戸大学経済経営研究所教授）と共に先生の代表作である『国際金融の政治経済学』（創文社，1982 年）を英訳した（*The Political Economy of International Monetary Interdependence*, MIT Press, 1985）。後に *Economic Interdependence in the Asia-Pacific Region – Towards a Yen Bloc* (Routledge, 1994) を東京大学に博士学位申請論文として提出し，1995 年にそれをベースにまとめた『円圏の経済学』（日本経済新聞社）を出版した。このようなアカデミックな訓練は，「教養」と言うべき中国経済全般に関する知識と共に，筆者の「専門」である人民元研究の土台となっている。

　むろん，エコノミストとしての筆者の比較優位は，「理論経済学」ではなく，経済学の理論を道具として使い，実際の経済問題を解明する「応用経済学」にある。人民元問題を取り上げる本書において，「購買力平価」，「通貨バスケット」，「バラッサ＝サミュエルソン効果」，「国際金融のトリレンマ説」，「最適通貨圏の理論」，「国際収支発展段階説」など，経済学の教科書に登場する概念や理論が使われている。理論と現実を結ぶこのような分析が，読者にとって，人民元問題だけでなく，学界において軽視されがちな「応用経済学」に対する理解を深める手がかりになれば幸いである。

　筆者のこれまでの人民元に関する研究がこのような形で世に出ることができたのは，野村資本市場研究所及び経済産業研究所における充実した研究環境に負うところが大きい。また，資料の作成と文章の編集・校正に当たり，石原公子氏の協力をいただいた。そして，今回の出版において，文眞堂の前野隆氏や編集部の皆さまに大変お世話になった。この場を借りて，感謝の気持ちを表したい。

関志雄

目　次

図表目次

第Ⅰ部

WTO加盟後の人民元切り上げを巡る議論
——中国経済の台頭とともに高まった元高圧力——

　中国では，2001年の世界貿易機関（WTO）加盟を経て，外貨準備が急増し，人民元は切り上げ圧力に晒されるようになった。しかし，政府は人民元の切り上げに対して慎重な姿勢をとっていた。

　これに対して，筆者は2004年に，割安になった人民元レートを無理に維持しようとすると，対外不均衡が一層拡大し，資源配分の低効率化，バブルの膨張，対外貿易摩擦の激化といった弊害が生じるであろうと警告し，対策として，ドルペッグ制に代わるものとして，バンド，通貨バスケット，クローリング（BBC方式）に基づく「管理変動相場制」への移行を提案した。当時，日本では人民元の大幅な切り上げを求める声が根強かった。しかし，日中関係が競合的というよりも補完的であることを考えれば，日本にとって，元高による輸出の拡大というプラスの面よりも，生産コストの上昇を通じた企業収益と産出の減少というマイナスの面の影響が大きく，人民元の切り上げは，日本のためにはならない（第1章）。

　2005年に入ってからも，中国の外貨準備が増え続け，日本を抜いて世界一の水準になろうとする勢いだった。外貨準備の増加は，人民元の上昇を抑えるためのドル買い・人民元売りの結果であり，それに伴ってマネーサプライのコントロールは困難になった。これに対して，筆者は，金融政策の独立性の向上のために，中国が無理して為替レートの安定を維持するのではなく，「管理変動相場制」への移行を急ぐべきだという主張を，同年6月30日の『日本経済新聞』の「経済教室」欄に発表した（第2章）[1]。

1　この論文が発表されてから，3週間後の2015年7月21日に，中国はBBC方式に基づく「管理変動相場制」への移行に踏み切った（第3章参照）。

第1章

なぜ人民元の切り上げが必要なのか
――日本のためでなく中国自身のためである

経済産業研究所, *Policy Discussion Paper* 04-P-003, 2004年1月を一部調整。

　近年，躍進の目覚しい中国がグローバル・デフレの元凶とされて，日本をはじめとする諸外国から人民元切り上げを求める声が高まっている。通貨は一国の経済力の鏡である。中国の競争力の向上を反映して，人民元の切り上げは自然な流れであろう。ここでは，中国経済のファンダメンタルズの変化を踏まえて，中国がとるべき為替政策を検討する。

　改革開放以来，人民元レートは低下傾向を辿ってきた。これは，中国製品の国際競争力が弱いために，輸出の拡大により交易条件（輸出財の輸入財に対する相対価格）の悪化（いわゆる「豊作貧乏」）を招いてしまったことを反映している。中国製品の国際競争力の向上は，人民元切り上げの前提条件であると言える。最近の外貨準備の急増に示されるように，人民元が上昇圧力に晒されるようになり，この条件は既に整っていると見られる。

　為替レートの調整に加え，為替制度自身も改革を迫られている。当局は変動相場制への移行を中長期の目標としている。この移行期において，「管理変動相場制」が採用されると予想され，バンド（Band），通貨バスケット（Basket），クローリング（Crawling）からなるBBC方式が，「管理」の重要な基準となろう。「管理変動相場制」への移行は必ずしも資本取引（または資本移動）の自由化を前提とする必要がない。確かにWTO加盟を経て，資本規制の効果が薄れているが，不良債権問題を抱える銀行部門の脆弱性を考慮すると，当局が自ら資本取引の自由化を急ぐべきではない。

　日本は人民元の切り上げを求めているが，これは中国の反感を買っているようである。しかし，為替政策は国益にかかわっているだけに，互いに感情論をできるだけ排除し，冷静な分析と対応が必要である。そもそも，中国と日本の

経済関係は競合的というよりも補完的であることを考えれば，人民元の切り上
げは，日本にとって，製品に対する需要の増大というプラスの面より，生産コ
ストの上昇を通じた企業収益と産出の減少というマイナスの面の影響が大きい
と見られる。一方，中国にとっても人民元レートを現在の低水準に維持し，不
均衡を放置する時に伴う機会費用が非常に高いことを合わせて考えると，人民
元の切り上げは，日本のためではなく中国自身のためであると理解すべきであ
る。

1．高まる切り上げ圧力

　国際収支における不均衡の拡大を反映して，中国の外貨準備が急速に増えて
おり，人民元が上昇圧力に晒されている。当局は外貨準備の増大と為替の切り
上げというトレードオフに直面している。無理に切り上げを先に延ばそうとす
ると，外貨準備が一層増加し，資源配分の低効率化や，バブル経済の膨張，対
外貿易摩擦の激化といった弊害が生じるであろう。

1.1　元安から元高へ

　中国は 1970 年代末に改革開放政策へ転じてから，年平均で 10% 近い高成長
を達成してきたにもかかわらず，人民元が長期にわたって下落しているため，
一人当たり GDP はいまだ 1,000 ドル前後にとどまっている。現在，人民元の
対ドルレートは 1978 年と比べて，名目ベースでは約 80%，内外の物価変動を
割り引いた実質ベースでは約 70% 安くなっている（図表 1-1）。これは，中国
当局が競争力を維持するために意図的に元安政策をとってきた結果であるとい
う見方もあるが，当局がコントロールできるのは名目為替レートだけであり，
実質為替レートはあくまでも経済のファンダメンタルズを反映していると理解
すべきである。
　名目為替レートの中長期的な傾向を考える時には，自国通貨が内外のインフ
レ格差に比例して減価するという（相対的）購買力平価（PPP）が一つの目安

図表1-1　人民元の対ドルレートの推移

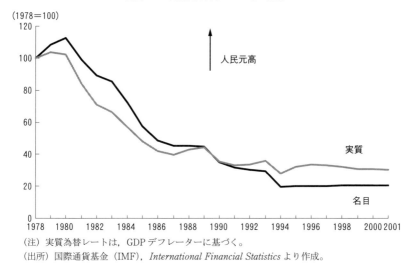

（注）実質為替レートは，GDP デフレーターに基づく。
（出所）国際通貨基金（IMF），*International Financial Statistics* より作成。

となる（付録2-1）。購買力平価が成り立つことは，実質為替レートが一定であることを意味するが，為替レートを購買力平価から乖離させ，実質為替レートを変動させる力として働く次の二つの効果も見逃してはならない。一つは，成長率の高い国ほど実質賃金の上昇率が高く，これを反映して，実質為替レートの上昇率も高いという「バラッサ＝サミュエルソン効果」である。もう一つは，交易条件の変化である。他の条件が一定であれば，交易条件の悪化は実質為替レートの下落を意味する[1]。

　しかし，中国の場合，「バラッサ＝サミュエルソンの仮説」に反し，高成長を遂げているにもかかわらず，人民元の名目為替レートが国内と米国のインフレ率との格差以上に減価しており，実質為替レートも大幅に下がっている。これは，中国が農村部に数億人もの余剰労働力を抱えているため，貿易財部門における生産性の上昇が必ずしも実質賃金の上昇につながっていないことを反映していると考えられる。

1　中国と外国がそれぞれ一つの財の生産に特化する時に，それぞれの輸出価格（輸入価格）は算出価格（相手国の算出価格）に当たり，交易条件と実質為替レートと同義である。非貿易財を考慮しても，実質為替レートは交易条件の変動に比例して動く。

　さらに，改革開放に伴う中国の交易条件の悪化も人民元の実質レートの低下に寄与している。1970 年代末に始まった改革開放政策の結果，中国経済は豊富な労働力という比較優位に沿って世界経済に組み込まれつつある。中国が計画経済下の重工業化政策を放棄し，労働集約型製品に特化した結果として，国際市場での労働集約型製品の供給が増大する一方，技術・資本集約型製品に対する需要も増えている（中国の国内生産が減少する分を補う形で）。この需給関係の変化は，労働集約型製品の技術・資本集約型製品に対する相対価格の低下，ひいては中国の交易条件の悪化をもたらしている。これを反映して，人民元が長期にわたって実質ベースで下がり続けたのである。

　従って，今後は次の二つの条件のどちらか一つでも満たされるようになれば，人民元は実質ベースで切り上げの方向に転換すると考えられる。一つは，農村部の余剰労働力が完全に工業やサービス部門に吸収されることであり，もう一つは，産業の高度化により，輸出拡大の牽引役が現在の労働集約型製品から技術・資本集約型製品にシフトし，それに伴って交易条件が改善することである。前者の場合，余剰労働力の規模があまりにも大きいことを考えると，まだ先になるであろうが，後者の場合，既に交易条件改善の転換点に到達していると見られる。

1.2　拡大し続ける中国の対外不均衡

　その表れとして，国際収支黒字の拡大とそれに伴う外貨準備の増加に象徴されるように，人民元の切り上げ圧力は既に顕著になっている。特に，WTO 加盟をきっかけに，海外からの直接投資が拡大し，また，外資企業の活躍に加え，新たに国際貿易に参入できるようになった民営企業の輸出の増大に支えられて，資本収支と経常収支は共に大幅な黒字を計上している。これに加え，国際収支統計の誤差脱漏が資本逃避を示す赤字から黒字に転じていることに象徴されるように，人民元の切り上げを見込んだ投機的資金が公式ルートを経由せずに中国に流入していることも外貨準備の急増につながっている（図表 1-2）。国際収支全体というフローが黒字である以上，外貨準備というストックも増え続けることになる [2]。中国の外貨準備は 2003 年末で 4,033 億ドル（中国銀行と

図表 1-2　国際収支不均衡の拡大と外貨準備の増加

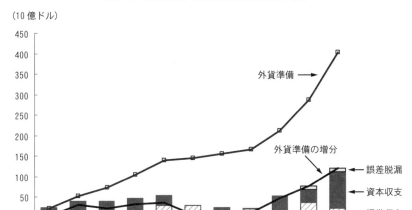

（注）外貨準備の増分＝経常収支＋資本収支＋誤差脱漏。
　　　※ 2003 年については，外貨準備は年末実績，その他の数字は上半期実績に基づく年率換算。
（出所）国家外為管理局，「国際収支バランス表」より作成。

中国建設銀行に資本金として注入した 450 億ドルを除く）と，日本に次ぐ世界
第 2 位という高水準に達している。

　対外不均衡の拡大は，現在の為替レートが市場の均衡レートを下回っている
ことを端的に示している。中国は「管理変動相場制」を採用していると主張し
ているが，その重点はあくまでも「管理」に置いており，1997 年のアジア通
貨・金融危機以降，人民元の対ドルレートはほとんど「変動」が見られていな
い[3]。現在のように，人民元がドルに対して割安の水準に設定されると，ドル
の供給がその需要を上回ることになり，為替を安定させるために，当局は人民
元を発行し，市中に余っているドルを吸い上げなければならない（図表 1-3）。
もし中国が「完全変動相場制」を採用しているのであれば，中央銀行は外為市
場に一切介入せず，外貨準備の水準が変化しない代わりに，為替レートが外貨

2　国際収支の各項目の収支尻を合わせれば，ちょうど準備資産（そのほとんどは外貨準備）の変化
　分に当たるという恒等式が成り立つ。中国の場合，2002 年に準備資産が 755 億ドル増えたが，こ
　れは経常収支黒字 354 億ドル，資本収支黒字が 323 億ドル，ホットマネーの純流入を示す誤差脱漏
　の 78 億ドルという要因に分解することができる。

図表 1-3　外貨準備増加のメカニズム

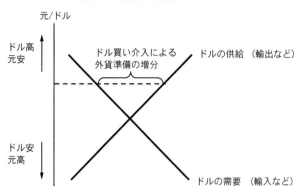

(注) 外貨流出の促進策は需要曲線を右にシフトさせること，外貨流
　　入の抑制策は供給曲線を左にシフトさせることによって表すこと
　　ができる。
(出所) 筆者作成。

に対する需要と供給を均衡させるように切り上がっていくのである。

　現在のように，無理して割安の為替レートを維持しようとすると，外貨準備
が一層増えることになり，それに伴う弊害は既に顕著になってきている。当局
による市場介入の結果，外貨準備が増えるが，これはドル債の購入などの形で
運用されるため，せっかく稼いだ外貨が国内の経済建設に生かされることな
く，海外に流出しまうのである。その一方，市場介入によって，国内のマネー
サプライも増え，景気の過熱に拍車を掛けかねない。介入によって発生した流
動性を吸収するために，当局が公開市場操作などによりマネーサプライを抑え
るという不胎化政策をとっている。具体的には，中央銀行が手持ちの短期国債

3　為替制度は，外貨管理制度と為替レートの決定メカニズムからなる。中国は 1996 年 12 月に，国
　際収支の赤字対策などを理由に為替取引を制限しないことを約束する IMF（国際通貨基金）協定
　第八条を受け入れることになった。これを契機に，輸出入を始めとする経常取引に関して大幅な自
　由化が行われたが，資本取引に関しては，いまだ厳しく制限されている。現行の外貨管理制度で
　は，一部外貨預金という形での保有を除けば，すべての外貨収入は原則として，政府指定の外為銀
　行で決済（人民元と交換）しなければならない。その代わりに，輸入などの経常取引に関しては，
　証明書類さえ提出すれば，必要に応じて外貨を自由に銀行から購入できる。銀行間の外為市場が外
　貨取引の場になっているが，人民元の対ドルレートはいまだ当局が決めることになっており，これ
　は銀行の対顧客レートの基準にもなる。

を売って，人民元を回収することに加えて，2003年9月21日から商業銀行の預金準備率を6%から7%に引き上げている。しかし，不胎化操作の結果，通貨の増加をそのまま放置する場合と比べて国内金利が上昇し，一層ホットマネーの流入を誘発しかねない。さらに，中国は主要相手国との貿易不均衡問題を放置すると，貿易摩擦が一層激化するだろう。特に，2004年11月に予定されている大統領選挙に向けて，米国による人民元切り上げ圧力が一段と高まると見られる。

　為替の安定と不均衡の是正を目指すべく，当局は介入を通じて為替レートを維持しながら，外貨の流出を促し，その流入を抑える措置を相次いで打ち出している。まず，外貨流出の促進策として，自国企業の対外直接投資に対する規制が緩和され，個人に対しても外貨交換枠と海外へ持出し可能な外貨枠が拡大された。また，中国は米国に買い付けミッションを派遣し，航空機や自動車などの緊急輸入を行っている。その一方で，外貨流入を抑える方策として，2004年1月に増値税（付加価値税）の還付率を平均3%ポイント引き下げることを実施した。増値税の税率が17%であるのに対して，現在還付率は平均15%にとどまっており，残りの2%は輸出税に当たる。還付率が引き下げられることは，輸出税の増税に当たり，中国製品の輸出を抑える効果が期待される。

　しかし，外貨流出への緩和策が資本逃避を助長しかねない上，緊急輸入や輸出税の引き上げといった対策も資源の有効な配分を歪めてしまうことになる。このような方策に伴う副作用が大きい以上，中国としては不均衡を是正するために，最も直接的かつ有効な手段である為替調整を活用すべきである。

1.3　外貨準備が多いほど良いものではない

　これだけ不均衡が拡大しているにもかかわらず，当局は依然として，「外貨準備は多ければ多いほど良い」という従来の発想から脱却できていないようである。その論拠として，国家統計局の邱曉華副局長は，① 外貨準備は，通貨投機といったリスクに対する備えとして，また経済改革の資金源として必要であること，② 豊富な外貨準備は，人民元の国際化の必要条件でもあること，③ 中国の外貨準備はまだ日本には及んでおらず，多すぎるとは言えないこと，

を強調している[4]。しかし，このような考え方は，政策を誤った方向に導きかねず，是正する必要がある。

　まず，外貨準備が通貨の安定を維持する手段として必要であることについて異論はないが，その保有には高いコストを伴うということを認識すべきである。発展途上国としての中国は，海外から資金を調達する際にはリスク・プレミアムによって高い金利を負担しなければならないのに，米国債で外貨準備を運用すると低い収益しか得られない。この金利面における逆ざや現象は，低所得国である中国から高所得国である米国に所得が移転されてしまうことを意味する。

　そもそも，外貨準備は国内のインフラや生産設備と同様，国の資産の一部であり，その主な資金源は国民の貯蓄である。国の資産が一定であるならば，その最適な構成（ポートフォリオ）は収益性とリスクをバランスさせながら決めるべきであり，外貨準備が多ければ多いほど良いとは限らないのである[5]。実際，中国では，収益率の低い外貨準備が増える一方で，中国の経済発展の目玉である西部大開発計画が資金難に陥っているということに示されているように，国民の貯蓄は必ずしも効率的には使われていない。

　また，人民元の国際化のために外貨準備を増やすべきだという主張も的はずれであると言わざるを得ない。自国通貨を国際的に流通させる最大の目的は，通貨発行の利益を獲得することである。例えば，米国は，自国の信用だけを担保に，国際的に流動性の高いドル紙幣や短期国債を発行し，低い金利（ドル紙幣の場合，無利子）で資金を調達することができる。しかし，中国のように，自国通貨への信用を高水準の外貨準備に求めざるを得ない場合，それに伴うコストが発行による利益を完全に相殺してしまうため，人民元の国際化のメリットがまったくなくなってしまう。その上，不良債権問題に象徴されるように，中国の銀行部門が依然として脆弱である状況では，人民元の国際化はもちろんのこと，その前提となる資本取引の自由化も慎重に進めるべきである[6]。そう

しないと，金融危機の発生するリスクが高まることになろう。現に，最近の外貨準備の急増は，マネーサプライの拡大を通じて不動産価格の高騰など，バブルの膨張を助長している。

　さらに，日本と中国の経済状況は大きく異なっており，単純に比較できない。まず，日本の外貨準備は，絶対額こそ中国を上回っているが，対GDP比で見ると15%程度にとどまり，中国の30%には遠く及ばない。次に，日本では国内の金利が米国と比べてかなり低く，米国債での運用は必ずしも悪い投資ではないのである。これは，資本蓄積の水準が依然として低く，投資の限界生産性が高い中国とは対照的である。そして，日本は内需の不足による不況に陥っており，外需の拡大を通じて景気を維持するためにも，外為市場への介入を通じて円高を阻止しなければならない。一方，中国は「独り勝ち」と言われるほど，景気が良く輸出も好調である。

　この外貨準備が多ければ多いほど良いという考え方は，外貨準備の規模が国力を表す重要な指標であると見なす重商主義に基づくものである。しかし，覇権国である米国でさえわずかな外貨準備しか持っておらず，外貨準備と国力の間には必ずしも関係性がないということは明らかである。中国が追求すべき目標は，あくまでも国民生活の向上であり，これは制度改革に加え，国内の人的資本や生産設備・インフラといった物的資本に投資することを通じてのみ達成できるものである。国民の貴重な貯蓄を低金利に甘んじてまで米国政府に融資し続けるのではなく，国内向けの投資など，もっと有効に利用すべきである。

2. ドルペッグ制からの離脱への模索

　為替レートの変更に加え，為替制度の変更も迫られている。新しい為替制度を考える時に，「どの国においても，マクロ経済運営に当たって，自由な資本

6　人民元の国際化は，人民元が貿易の契約と決済，資金調達または運用，外国の中央銀行が持つ外貨準備などの面において，国際通貨として広く使われるようになることである。また，国際通貨として，人民元が中国にかかわる取引に限らず，第三国間の取引にも使われることである。居住者と非居住者に対して，経常取引はもちろんのこと，資本取引についても制限が緩いことは，その前提条件となる。

移動，金融政策の独立性，固定相場制の三つの目標は同時に達成できない」という「国際金融のトリレンマ説」を考慮しなければならない。これまで中国は，自由な資本移動を放棄する代わりに，事実上のドルペッグ制（ドル連動制）という固定相場制と金融政策の独立性を堅持してきた。今後，資本移動が活発化すれば，金融政策の独立性を保つために，ドルペッグ制の代わりに，BBC（バンド，通貨バスケット，クローリング）方式をベースとする「管理変動相場制」に移行すべきである。

2.1　時代とともに前進すべき為替政策

　これまで述べてきたように，海外から人民元の切り上げを求める声が高まり，また市場における切り上げ圧力を象徴するように，中国の外貨準備が急増しているが，当局は，切り上げの必要性がないと繰り返して強調している。客観的に見て切り上げの条件が整っているのに，なぜ中国はその実施を拒否し続けるのだろうか。これには，以下のような理由が考えられる。

　まず，これまでの成功体験が逆に新しい思考への妨げとなっている。1997-1998 年のアジア通貨・金融危機当時，中国は豊富な外貨準備をバックに，人民元の安定に努め，危機の中国への波及を免れた。これにより，アジア諸国間に起こった競争的な切り下げを避けられたことから，中国は世界各国から，アジア通貨・金融危機の終息に大きく貢献したと高く評価された。こうした経緯から，当局は為替の安定と外貨準備の拡大を，政策手段ではなく，目指すべき目標と見なすようになった。

　第二に，現在中国経済のパフォーマンスが概ね良好であり，当局はマクロ政策を変更する必要性を感じていない。一般的に，外貨準備がこれだけ増えると，マネーサプライもそれに連動する形で急増し，その結果，インフレが起こり，物価の安定のために為替レートを切り上げて対処するというのが通常の処方箋である。しかし，中国の場合は，現在，インフレが起こるどころか，いまだに物価が下がり続けているというデフレ状態にある。また，切り下げ圧力に晒される場合，国際収支が悪化し，外貨準備が不足することにより輸入の決済や債務の返済に支障が生じるなどの緊急事態が発生するが，これとは対照的

に，現在のように外貨準備が上昇する局面では，当局が切り上げ実施に追い込まれることがない。第三に，人民元の切り上げは，国全体で見れば望ましくても，それによってマイナスの影響を受けるグループは反対するだろう。具体的には，元高になれば中国の製品がドル換算で高くなり国際競争力が低下する一方，輸入価格は人民元で見て逆に安くなることから，農業をはじめとする，輸入との競争に晒されている比較劣位部門や，効率の悪い国有部門が打撃を受けることになろう。

　最後に，日本をはじめとする海外からの切り上げ要求は，為替政策という中国の国内経済問題を国際政治問題に変えてしまっている。中国の新しい指導部にとって，外圧に屈する形での切り上げは是が非でも避けたいシナリオであろう。この意味で，これまで日本の金融当局者によって言及された元高待望論は，人民元の切り上げを遅らせることはあっても，早めることはないであろう[7]。

　しかし，国内外の経済情勢が大きく変化した今，これまで上手く機能してきた為替政策も見直すべき時期に入っている。ここでは，上述の論点の誤りを明らかにすることを通じて，人民元切り上げの必要性を訴えたい。

　まず，アジア通貨・金融危機当時，人民元の安定（切り下げないこと）は各国が求めたものでもあったのに対して，現在の人民元の安定（切り上げないこと）は国際社会から批判の対象となっている。日米欧の対中貿易不均衡が拡大し，特に2003年に米国の対中赤字が1,240億ドルに達している中で，中国が切り上げを避けようとすると，貿易摩擦の激化という代償を支払わなければならない。2003年以来のドル安につれて，元も他のアジア通貨に対して大幅に

7　このように，人民元の切り上げは，中国自身にとっても望ましく，それによって国際社会の期待に応じることもできるにもかかわらず，関係国の間で信頼関係ができていないため，それが実施される展望はまったく開かれていないというジレンマが生じている。中国の経済力はGDPや貿易規模から見て，既に英国に匹敵するレベルに達しており，現在の人民元の切り上げを求める声に象徴されるように，主要工業国の産業調整やデフレ，貿易不均衡などの問題を議論する時に，もはやその存在を無視できなくなっている。従って，中国を蚊帳の外においた現在の国際経済政策の協調は限界にきつつあり，今後は同国のG7への早期参加を視野に入れるなど，お互いの信頼関係を高めることのできる体制を整えていくべきではないだろうか。胡錦濤国家主席が2003年6月に，フランスのエビアンで開かれたG8と発展途上国の「拡大対話」に参加したことは，その第一歩として評価したい。

切り下がった。米国はともかく，元安の進行はアジア諸国にとって，内心では不満であろう。

　第二に，現在の外貨準備の保有量はアジア通貨・金融危機当時の2.5倍に膨らんでおり，その運用益が国内投資と比べて非常に低いことを合わせて考えると，遙かに「最適規模」を超えていると見られる。そもそも，米国債を購入することは，米国政府に融資することを意味する。また，中国が米国政府に対して多くの債権を持つことは，対米外交の交渉力を高める手段として使えるのではないか，という議論もある。しかし，中国の経済規模がいまだ米国の一割程度であることを考えると，中国の立場は弱く，米国政府への融資が逆に人質として取られてしまうことさえ考えられる。こうした政治的考慮からも，外貨準備を減らしながら，その運用先として，ドル以外の通貨に分散すべきである。

　第三に，WTO加盟後も輸出が堅調に伸びており，輸出業者からの反対は弱いものと見られる。本来，為替政策の目標はあくまでもマクロ経済の安定，中でも対外均衡に限定すべきものであり，無理して比較劣位部門の保護といった他の目的に使えば，その副作用が大きいことを覚悟しなければならない。産業政策や弱者の救済は，為替政策ではなく，財政などより直接的な手段で行うべきである。

　最後に，海外からの切り上げ要求に対して感情的になってはならない。為替政策は自国の利益を基準に冷静に判断すべきである。実際，ついこの間まで，中国のマスコミにおいても人民元の切り上げに賛成する意見が多く登場したのに，外圧が高まるにつれて完全に反対論に取って代わられた。政府主導のこのような世論形成は，当局がとれる政策の余地を自ら狭めるだけであり，決して中国のためにはならない。

　そもそも，どこの国でも，ある政策または制度が一旦実施されると，その有効性が失われてからも，継続される傾向が強く，中国の為替政策はその一例にすぎない。こうした慣性の打破を目指して，江沢民総書記が，2002年の秋に行われた中国共産党第16回全国代表大会における報告で，「改革を行うには，絶えず思想を解放し，実事求是を旨とし，時代とともに前進しなければならない」と訴えた。これからの人民元のあり方を考える際に，まさにこのような精神が求められている。

2.2　「管理変動相場制」をいかに管理するか

　人民元問題を巡り，米国が中国に対して，ドルペッグ制から離脱し，変動相場制に移行することを求めている。これに対して，中国は，「市場経済に即した柔軟な為替制度」を中長期的な目標としながらも，貿易と資本取引の自由化や，銀行をはじめとする金融部門の健全化など，その前提条件がまだ整っていないことを理由に，猶予を求めている。「完全変動相場制」の実現が短期的には無理である以上，それに向かう長い移行期において，当局の積極的な外為市場への介入を前提とする「管理変動相場制」が採用されることになるであろう。その管理の基準としては，バンド（Band），通貨バスケット（Basket），クローリング（Crawling）の三つの要素からなる BBC 方式が有力となっている。

　まず，「バンド」とは，容認される為替レートの変動幅（例えば，中心相場の＋／－5％）のことである。バンド内において為替レートは市場の需給関係に任せられているが，バンドの上限と下限を超える可能性がある時は，当局は介入も辞さない。バンドの幅が広いほど，当局が介入する必要が少なくなり，変動相場制に近づき，それに比例して，金融政策の自由度も広がる。

　また，「通貨バスケット制」とは，為替レートを，ドルのような単一の通貨ではなく，複数の通貨からなるバスケットにペッグ（連動）させる制度である。貿易相手国との貿易量のウェイトを反映した「実効為替レート」も，一種の通貨バスケットと見なすことができる。それに基づく通貨バスケット制を採用することは，実効為替レートを安定させる政策運営を行うこと意味する。仮に，中国は円とドルからなる通貨バスケットに人民元をペッグするとしよう（図表 1-4）。この通貨バスケットに占める円のウェイトが高いほど，人民元と円の（ドルに対する）連動性が強く，人民元の対円レートの変動も小さくなる。例えば，円のウェイトが 30％である場合，円がドルに対して 10％切り上がる時，中国の当局は元の 3％の対ドル上昇で対応する。100％のドルペッグ制の場合と比べ，中国の輸出競争力の向上が抑えられる。逆に，10％の円安に対して 3％の元安で対応することにより，中国の競争力の落ち込みに歯止めが

図表 1-4　通貨バスケット制とは

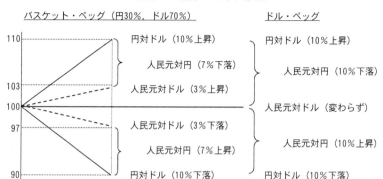

（注）円ドルレートが変動しても，人民元の通貨バスケットに対する価値が変わらない（10%
　　　円高の時，－7%×30%＋3%×70%＝0，10%円安の時，7%×30%－3%×70%＝0）。
（出所）筆者作成。

かけられる。その結果，従来のドルペッグ制と比べて，通貨バスケット制で
は，円ドルレートが変動しても中国の国際競争力の変化は小さくなる。このよ
うに，通貨バスケット制の採用は中国経済をドルの他の主要通貨に対する変動
の影響から遮断する政策手段として有効である。

　最後に，「クローリング」とは，為替レートをファンダメンタルズの変化に
合わせてペッグの対象通貨（通貨バスケットを含む）に対して調整していくこ
とである。例えば，アジア通貨・金融危機前のインドネシアでは，自国通貨の
為替レートが毎年ドルに対して4%ほど下がっていたが，これは，インドネシ
アのインフレ率が米国に比べて4%ほど高かったからである。そのため，イン
ドネシア政府は，購買力平価，ひいては競争力を維持するために，このインフ
レ率の差に比例してルピアを減価させていたのである。これに対して，割安に
なっている今の人民元の場合，均衡レートとのギャップが解消されるまでは，
クローリングダウンよりも，むしろクローリングアップのほうが妥当であろ
う。

　BBC方式に基づく「管理変動相場制」に移行する際には，バンドの幅，通
貨バスケットの構成，クローリングのスピードを具体的に決めなければならな
い。現在，中国がとっている事実上のドルペッグ制は，為替レートの変動幅
も，通貨バスケットに占めるドル以外の各通貨のウェイトも，クローリングの

スピードも，すべてがゼロ％であるという BBC 方式の特殊なケースと見なすことができる。これに対して，それぞれの「最適水準」をどう決めれば良いのかに関して，専門家の間でも意見が分かれている。誤った選択を行うリスクが存在する以上，これを最小限に抑えるために，これらの比率を段階的に上げていくという漸進的戦略を薦めたい。

2.3　急ぐべきではない資本取引の自由化

　塩川財務大臣（当時）が G7 など公式の場で言及していたのをはじめ，日本の金融当局者が中国に対して人民元の切り上げとともに資本取引の自由化（または資本移動の自由化）を求めている。1980 年代半ば頃，米国が「円ドル委員会」や「プラザ合意」を通じて日本に要求したことを，今度は日本が中国に求めるようになった。しかし，現在の中国経済の実力は 1980 年代半ばの日本にはまだ遠く及ばず，金融の対外開放に関連するファンダメンタルズは，1980 年代半ばよりもむしろ 1970 年代初めの日本の状況に対応していると理解すべきである。すなわち，日本が固定相場制から変動相場制へ移行したのは 1971 年のニクソン・ショック後のことであり，資本取引の本格的な自由化も，これよりおよそ 10 年遅れて，1979 年の外国為替及び外国貿易法改正（1980 年 12 月に実施）まで待たなければならなかった。中国においても，為替の切り上げを先行させ，資本取引の自由化は中長期の目標に留めるべきである。

　1997-1998 年のアジア通貨・金融危機が示しているように，脆弱な金融セクターを持つ途上国は資本取引の自由化を慎重に進めていかなければならない。中国は危機を免れることはできたが，それは国内経済・金融市場が健全であったからではなく，むしろ依然として資本規制が厳しかったことや，政府保証によって銀行が守られていると預金者が信じていたことによる部分が大きい。実際，非常に高い不良債権比率に象徴されているように，中国の銀行セクターが危機に見舞われたアジア諸国と同様に脆弱であることは，もはや周知の事実である。WTO 加盟に伴い外資系銀行が本格的に参入し，これを受けて銀行部門における競争はますます激しくなり，国内銀行の経営は一段と厳しくなるであろう。

　中国が国内金融システムの脆弱性に注意を払わず，資本取引の自由化を急ぐことは非常に危険である。特に，短期資本の移動が自由になれば，海外から足の速い資金が大量に不動産市場や株式市場に流れ込むため，バブルが発生しやすくなる。その後，何らかの理由で外資が逃げ出し，バブルが崩壊してしまうと不良債権が一挙に増え，中国が日本型の金融危機に陥ってしまうということも考えられる。一方，WTO加盟に伴う外資系銀行の本格的参入などで国有銀行の優位性が徐々になくなってくる中，国有銀行において取り付け騒ぎが起こる可能性が一段と高くなる。このような問題に対処するには，大量の貨幣を増発して悪性のインフレを起こすか，厳しい条件を受け入れ，国際機関や先進国に支援を求めるしかなくなってしまう。いずれの場合においても，計り知れないコストを払うことになってしまうのである。

　金融安定を保ちながら，資本取引の自由化を進めるには，次のような前提条件を整えておかなければならない。まず，企業の銀行への過度の依存体質を是正するため，直接金融を通じて資金を調達できるように，資本市場のさらなる発展が必要である。また，民営化と組織改革を通じて銀行自身のコーポレート・ガバナンスの確立を急ぐ一方，借り手である国有企業の改革もスピードアップさせなければならない。そして，政府は預金をある程度保証しながら，モラル・ハザードの問題を最小限に抑えるために，銀行の監督体制や金融システムの規制を強化しなければならない。

　これまで，中国は経済改革と対外開放を同時に進めてきた。今後，金融分野において改革を精力的に推し進めなければならないが，対外開放に関してはより慎重にならざるを得ない。もしこの順序を間違えば，金融危機が起こりかねないのである。貿易や直接投資を通じて中国と経済関係が深まっている日本にとっても，こうした事態は決して対岸の火事では済まされない。このように，中国に対する資本取引自由化の要求は必ずしも日本自らの国益に沿っているとは思われないのである。

3．日本のためにならない「元高」

　人民元の切り上げを求める諸外国の中では，日本が最も積極的である。しかし，中国と日本の経済関係が競合的というよりも補完的であることを考えれば，人民元の切り上げは日本にとって，製品に対する需要の増大というプラスの面より，生産コストの上昇を通じた企業収益と産出の減少というマイナスの面の影響が大きいと見られる。

3.1　中国の躍進と日本の衰退の原因は本当に元安にあるのか

　近年，中国の躍進と日本の衰退の原因を「元安」に求める論調がマスコミにおいて盛んに登場している。例えば，2003 年 7 月 11 日の『日本経済新聞』「経済教室」に掲載された大阪大学の小野善康教授の論文も，このような主張を繰り返している[8]。

　小野論文では，「中国企業の価格競争力は，企業努力よりも人民元の相場の変化による面が大きい」と主張している。確かに，改革開放以来の 25 年間にわたって，人民元の対ドルレートは，名目ベースで見ても，内外のインフレ格差を反映した実質ベースで見ても，大幅に下がってきた。しかし，為替レートを大幅に切り下げた発展途上国は中国の他にもいくらでもある。その中で，なぜ，中国経済だけが躍進したのであろうか。為替の切り下げだけで経済が躍進できるのであれば，現在，世界中に存在している百数十ヵ国の途上国が，簡単に先進国になり，南北問題は一気に解消するであろう。このユートピアには，世界銀行も，政府開発援助（ODA）も存在する意味がまったくない。しかし，世の中にはこのようなフリー・ランチがあり得ないことは経済学者が一番よく知っているはずである。

　経済学の教科書にも書かれているように，短期の景気変動は需要要因，中長

8　小野善康，「経済教室：需要創出で円安を図れ」，『日本経済新聞』，2003 年 7 月 11 日付。

期の経済成長・発展は供給要因によって決められる。為替変動も，金融政策や財政政策などのマクロ政策と同様，主に需要を通じて景気を左右するが，四半世紀にわたって中国経済が平均 9% という高成長を遂げた根本的原因は，供給側の要因に求められるべきである。成長会計に沿って言えば，労働と資本といった生産要素投入量の拡大と生産性の上昇がこれまでの中国の成長をもたらしたのである。さらに，それらを支えているのは，「自力更生」から対外開放へ，また計画経済から市場経済への移行という「制度改革」によるものであると理解しなければならない。

　小野氏は，中国の躍進の原因を元安に求めるだけでなく，日本経済の不振の原因も中国との「不公平な」競争にあると主張している。論文では，「日米の中国脅威論は，単に元の人為的な引き下げによって起こった，政策的なものである」と言い切っている。しかし，為替レートの切り下げは，短期的には外需の拡大を通じて，景気を支える効果があっても，時間とともに国内の物価も上昇するので，中長期的には実質為替レートは均衡水準に戻るはずである。このように，中長期的な実質為替レートは当局が人為的に決められる政策変数ではなく，あくまでも経済のファンダメンタルズを反映した内生変数である。中国の場合，人民元の中長期にわたる下落傾向は，自国の急速な輸出拡大によって，（「窮乏化成長」とまでいかないが），交易条件が低下したことを反映している。

　また，人民元安が，日本経済にマイナスの影響を与えるという認識は，日中両国が類似した産業構造を持ち，国際市場において強い競合関係にあるという暗黙の前提に基づいている。しかし，実際には，両国の比較優位に沿って，中国が労働集約型製品（または工程）に，また日本が技術集約型製品（または工程）にそれぞれ特化するという分業体制ができており，競合関係というよりも，補完関係にあることは明らかである。この場合，石油価格の低下と同じように，中国からの輸入が安くなることは，日本の交易条件の改善を通じて，日本経済全体の厚生を高めるはずである。このように，「日本が不況から抜け出せないのはコスト高のせいであり，このままでは中国に負けて輸出が減り，景気がさらに後退して，日本はますます没落する」という考え方は被害妄想に他ならない。

3.2　中国発の良いデフレと悪いデフレ

これに対して，中国のマスコミでは，切り上げ論は日本の「陰謀」であるという論調が支配的になっている。確かに，人民元切り上げ論には日本当局の「利己的」意図があるだろうが，その裏には中国の経済発展を抑えるという「損人的」（相手に害を与えようとする）陰謀が隠れているとは思わない。

日本政府の人民元問題に関する考え方は，当時の黒田東彦財務官と河合正弘副財務官が連名で2002年12月2日付の英フィナンシャル・タイムズに発表した「世界はリフレーション政策に転ずるべき時」と題する論文から読み取ることができる[9]。両氏は，中国などアジアの新興市場地域の世界的貿易システムへの参入は，先進地域に強いデフレ圧力をかけているとし，グローバルなデフレ問題を解消するために，日米欧の政策協調に加え，中国の一層の金融緩和と人民元の切り上げという形での協力が必要であると主張している。

しかし，日本のデフレに中国要因が大きく寄与しているとは考えにくい。2002年，日本の対中輸入は日本のGDPのわずか1.5%程度にとどまり，また，両国の貿易面における競合度が極めて低いことを考えると，中国発デフレの日本の物価への直接的または（国際競争を通じた）間接的な影響はともに限定的である。その上，中国のインフレ率（正確に言えばデフレ率）は日本とほぼ同水準になっており，中国が日本のデフレの原因であると言うなら，逆に日本がまた中国のデフレの原因であるとも言える。

百歩譲って，仮に中国発のデフレが，日本のデフレに拍車をかけているとしても，日本にとって本当に困るものなのか。この疑問を解くために，中国製品が安くなることは，日本にとって生産規模の拡大に伴う「良いデフレ」なのか，それとも生産の縮小をもたらす「悪いデフレ」なのかを区別して考える必要がある。

日本の新聞などが多く取り上げているのは，言うまでもなく「悪いデフレ」のケースである。すなわち，中国の輸出価格が安くなれば日本の国内はもちろ

9　Kuroda, Haruhiko, and Masahiro Kawai , "Time for a Switch to Global Reflation," *Financial Times*, December 2, 2002.

んのこと，第三国の市場においても日本の輸出が中国の製品に代替されること
になる。これを需要と供給の枠組で考えれば，日本の需要曲線が左にシフトす
るという形で表せる（図表1-5）。これは物価への影響という意味ではデフレ
であり，日本の生産に対してもやはりマイナスの影響を与えることになる。

　しかし，中国発デフレの中には「良いデフレ」という側面も考えられる。も
し日本企業が中国からさまざまな部品や中間財を輸入している場合，中国から
の輸入価格が安くなることは生産コストが下がることを意味する。経済学の教
科書的に考えると，供給曲線は限界費用曲線に当たり，すなわち中国からの輸
入でコストが下がるということは，日本の供給曲線が右にシフトして，結果的
に物価にはマイナスであっても生産にはむしろプラスであることも考えられ
る。

図表1-5　日本のデフレにおける中国要因

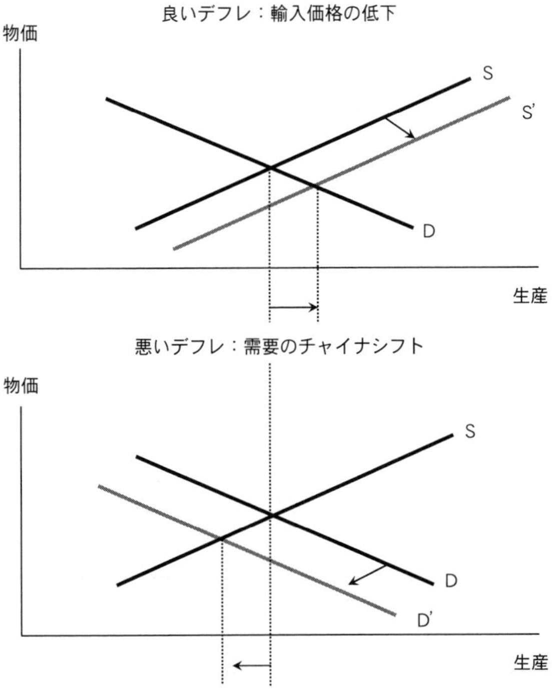

良いデフレ：輸入価格の低下

悪いデフレ：需要のチャイナシフト

（出所）筆者作成。

　では，「悪いデフレ」と「良いデフレ」の効果の内，どちらが大きいのかを考える場合，日中の経済関係が競合的と見るのか，補完的と見るのかによって結論が異なってくる。日中が競合的と見た場合は，需要側の効果が大きくなり，マイナスの影響が大きいということになる。日中が補完的であると見た場合，供給側の効果が大きいため，生産に与えるプラスの影響のほうが大きくなる。実際，日本と中国の輸出構造は，前者が付加価値の高いハイテク製品，後者が付加価値の低いローテク製品が中心になっているように，互いに競合している部分は実は少なく，両国経済が補完関係にあることは明らかである[10]。そのため，需要要因よりも供給要因のほうが大きく，生産者にとって，中国発のデフレはむしろ生産の拡大をもたらす「良いデフレ」に当たる。

　なお，以上の分析はあくまでも日本企業の立場に立った話であり，消費者にとって，デフレの善し悪しを区別する必要はない。国民全体にとって，石油価格の低下と同様，中国製品の輸入価格の低下は，交易条件の改善，ひいては実質所得の上昇を意味する。

3.3　幻想にすぎない「元高」による日本への景気浮上効果

　これに対して，人民元の切り上げは，中国経済の減速という「所得効果」と世界市場における中国製品の価格高騰という「価格効果」を通じて，日本経済にマイナスの影響を与えると考えられる。

　まず，所得効果について考えてみよう。人民元が強くなれば，中国製品の国際市場における競争力が低下し，輸出が減速するだろう。中国は加工貿易のウェイトが高いため，これを受けて，日本の対中輸出も部品や機械類などを中心に鈍化せざるを得ない。日本にとっても，中国への輸出依存度が高まっており，機械産業を中心にその打撃を受けるだろう[11]。

　次に，価格効果に目を転じると，中国の輸出価格の上昇は，日本の各産業の

10　米国における日本と中国の製品間が競合している金額は日本の対米輸出の16％にとどまり，80％を上回るインドネシアをはじめとするアジア諸国の中国との競合度よりずっと低いと推計される（関志雄，「中国の台頭とIT革命の進行で雁行形態は崩れたか－米国市場における中国製品の競争力による検証－」，『ディスカッションペーパー』02-J-006，経済産業研究所，2002年）。

投入価格と産出価格に同時に上昇圧力をかけるが，どちらへの影響が大きいかによって，各業種間の明暗が分かれる。一般的に，中国と産出の面において競合している業種では，産出価格への影響が強く，利潤と生産が共に増えることになる。つまり，人民元の切り上げの恩恵を受けるのは，日本がもはや比較優位を持たない労働集約型産業に限られる。これに対して，投入の面において中国と補完関係にある業種では，産出価格よりも投入価格の上昇幅が大きく，利潤と産出が低下することになる。個別の日本企業の立場に立つと，自社の製品が国内外の市場において中国と競合関係にある企業にとって，人民元の切り上げは，自らの競争力の向上を意味するが，中国から中間財を調達する企業は，生産コストの上昇を通じて，マイナスの影響を受けることになる。

　価格効果を中心に「元高」の日本の産業全体への影響を考えると，中国と競合する業種のウェイトが高ければ，そのメリットが大きいが，逆に中国と補完する業種のウェイトが高い場合，むしろそのデメリットが目立つ。日中間では，汎用製品の生産など労働集約的部分を中国で，精密機器の生産など技術集約的な部分を日本で行う分業体制が確立されており，両国は補完関係にあることが明らかである。前述したマイナスの所得効果を合わせて考えれば，全体的に見て，日本の産業にとって，人民元切り上げのプラスの影響より，そのマイナスの影響のほうが大きいと見られる。一方，日本の消費者にとっては，中国製品が高くなることは，実質所得の低下を意味する。

　人民元の切り上げの影響を，需要と供給の枠組みに整理してみよう（図表1-6)。まず，人民元切り上げの場合は，中国製品の競争力の低下が起こり，中国における生産が減少する。その分が日本での増産で補われることになれば，日本の景気を支えることになるだろう。しかし，日中両国の製品があまり競合していないことを考えれば，その効果は限られるだろう（需要曲線が右へシフトするが，その幅は小さい）。これに対して，中国経済が人民元の切り上げの影響で減速すれば，日本の対中輸出も鈍化せざるを得ない（需要曲線が大きく左へシフトする）。その上，供給側から見れば，中国経済が人民元の切り上げの影響を反映して中国からの輸入価格が高くなることは，日本企業にとって，

11　もっとも，元高により，中国の交易条件が改善し，内需が拡大することを併せて考えれば，中国の成長率の低下による日本の対中輸出の減少は緩やかにとどまるだろう。

図表1-6　人民元の切り上げが日本経済にもたらす影響

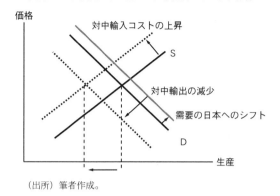

（出所）筆者作成。

生産コストの上昇を意味し，生産を抑える要因となる（供給曲線が大きく左へ
シフトする）。このように，全体的に見て，人民元の切り上げは，日本の生産
を抑えることになる。

　「元高が日本のためにならない」という結論は日本経済新聞社が日本の主要
企業を対象に2003年9月上旬に行ったアンケート調査の結果によっても裏付
けられている（図表1-7）。それによると，人民元の切り上げによる自社への
影響について，マイナスと答える企業が全体の37％を占め，プラスと答える
企業（全体の16％）を大幅に上回っている[12]。その原因として，「中国製品の
輸入価格上昇」に加え，「中国の自社の生産拠点の競争力低下」が挙げられて
いる。大半の企業が人民元の切り上げよりも現在のレートの維持を望んでい
る。

　このように，日本におけるデフレの原因を中国に求める診断書も，その解決
策を人民元の切り上げに求める処方箋も間違っていると言わざるを得ない。日
本の人民元切り上げに対する要求は，冷静な分析に基づく戦略であるというよ
りも，経済政策の行き詰まり感から出てきた対症療法だと理解すべきである。
10年に及ぶ不況を経ても，日本経済にはいまだ回復の兆しが見えない。この
間，公共事業を中心とする財政支出の拡大と税収の落ち込みを受け，財政赤字

12　「人民元アンケート調査，中国事業，元切り上げでも拡大」，『日本経済新聞』，2003年9月20日
　　付。

図表 1-7　元切り上げによる日本企業への影響

プラス (16.2%)	どちらとも言えない (47.2%)	マイナス (36.5%)
・対中輸出の増加が見込まれるため ・競合する中国製品の競争力低下 ・保有している人民元の価値が上がる	・中国関連ビジネスの規模が小さい ・対中輸出・輸入の金額が均衡している ・為替変動を吸収しやすい	・中国製品の輸入価格上昇 ・中国の自社の生産拠点の競争力低下 ・日本人従業員のコストが割高になる ・元高が中国国内の景気を冷やす可能性

(出所)「人民元アンケート調査，中国事業，元切り上げでも拡大」，『日本経済新聞』(2003 年 9 月
　　20 日付) に基づき計算。

は急拡大し，政府債務は先進国の中で，最悪の水準に達している。一方，経済
が流動性の罠に陥っている中で，数年にわたるゼロ金利政策にもかかわらず，
金融政策の効果も見られない。さらに，円安政策を進めようとしても，欧米諸
国も景気が減速する中で，貿易相手国の理解を得にくい。こうした中，比較的
堅調な中国経済に目を付け，人民元切り上げに救いを求めるのである。しか
し，国内問題から目をそらすことにより，日本経済が直面する問題の本質を見
誤らせる危険性もある。

　結局，日本の人民元切り上げ要求は，仮に「損人利己」の意図があっても，
それに反して，日本自身にはマイナス，中国にはプラスという「損己利人」の
結果をもたらすのである。デフレの真因は構造改革の遅れとそれに伴う国内の
景気の低迷にある以上，これらの問題が解決されなければ，いくら人民元が強
くなっても，日本経済の本格的景気回復はあり得ないのである。

第2章

切り上げは中国の利益

『日本経済新聞』「経済教室：迫る人民元改革（下）」，2005年6月30日付を一部調整。

資本移動が活発化する中で金融政策の独立性を維持するため，中国はドルペッグ制から「管理変動相場制」に移行すべきである。ただ，為替政策はあくまでも経済を安定させる手段であり，「元安」で中国の構造的失業を，また「元高」で米国の構造的貿易赤字を減らすことはできない。

1. 外貨準備世界一も視野

最近，米国をはじめとする主要工業国が中国に対して人民元切り上げへの圧力を強めているが，中国当局は為替制度の変更の必要性を認めながらも，外圧に屈する印象を国民に与えないように，対応に苦慮している。しかし，中国製品の国際競争力の向上を背景に，中国の国際収支黒字は拡大の一途を辿っており，経済のファンダメンタルズから判断しても，切り上げはもはや時間の問題である。

国際収支の大幅な黒字を反映して，中国の外貨準備が急増している。2004年の国際収支統計によると，中国の経常収支黒字は687億ドル（内財貿易黒字が590億ドル），資本収支黒字が1,107億ドル（内直接投資の流入が606億ドル），誤差脱漏が270億ドルの黒字になっている。多くの発展途上国では資本逃避が起こるために，誤差脱漏は赤字になりがちだが，中国の場合，人民元の切り上げを見込んで投機的資金が非公式ルートを経由して流入しているため，2002年以降，黒字基調が続いている。

経常収支，資本収支，誤差脱漏の合計は，概念上，準備資産（そのほとんど

が外貨準備）の変化分に対応する。中国の外貨準備は 2004 年に 2,067 億ドル増え，年末には 6,099 億ドルに達した。外貨準備の増加は 2005 年に入ってからも続いており，5 月末には 6,910 億ドルとなった。このペースが今後も続けば，そう遠くない将来，中国は日本（2005 年 5 月末に 8,425 億ドル）を抜いて世界一の外貨準備保有国になろう。

　中国の対外不均衡の拡大は，現在の人民元レートが市場の均衡水準を下回っていることを端的に示している。仮に中国が変動相場制を採用し，外為市場への介入が一切行われていなければ，外貨準備が増えない代わりに為替レートが上昇していたはずである。無理に割安な為替レートを維持することに伴う弊害は既に顕著になってきている。

2．現行レート維持の弊害が顕著に

　まず，当局による市場介入の結果，外貨準備が増えるが，これはドル債の購入などの形で運用されるため，稼いだ外貨が国内の経済建設に活用されることなく，海外に流出してしまうのである。また，介入によって国内のマネーサプライも増え，景気の過熱に拍車を掛けている。中央銀行が短期証券を発行し，ベースマネーを回収する不胎化政策を行っているが，その規模が膨大になってきており，市場の吸収力が限界にきつつある。さらに，中国が主要相手国との貿易不均衡問題を放置してしまうと，貿易摩擦は一層激化するだろう。

　これらの問題を解決する直接的方法は，為替レートの決定を市場に任せることであるが，中国は，外圧への反感に加え，失業の増大への懸念から，新しい制度への移行には躊躇している。しかし，為替政策はあくまでもマクロ経済政策の手段であり，無理して構造問題を解決する手段として使おうとすると，景気過熱と貿易摩擦といった問題が一層深刻化するだろう。

　複数の目標が存在する時の経済政策のあり方を考える際，ティンバーゲンの定理（複数の独立した政策目標を達成するためには同じ数の政策手段を必要とする）とマンデルの定理（政策の諸手段は，それぞれが最も効果を発揮する政策目標に対して割り当てられるべきである）が基本となる[1]。

　中国はマクロ経済の安定と，雇用の維持という二つの政策目標を目指しているなら，ティンバーゲンの定理に従えば，為替政策という一つの手段だけでは，両方を同時に達成することはできず，他にもう一つの手段が必要であることになる。

　マンデルの定理に従えば，為替政策はマクロ経済の安定に割り当てるべきであり，産業の変化と市場経済への移行に伴う構造的失業の解決は社会セーフティネットや職業再訓練の強化などに求めるべきである。そもそも，為替政策が失業問題に対する有効な手段であれば，中国は現在の人民元レートを維持するよりも，積極的に切り下げを実施すべきであろう。

　一方，マクロ経済政策の一環として為替政策を位置づける場合，中国は，「国際金融のトリレンマ説」が示唆しているように，自由な資本移動，金融政策の独立性，固定相場制の三つの目標を同時に達成できない（図表 2-1）。これまで，中国は自由な資本移動を放棄する形で，金融政策の独立性と固定相場制の一種であるドルペッグ制を維持しようとしてきた。

　しかし，世界貿易機関（WTO）加盟を経て，経済のグローバル化が進む中で，政府の規制にもかかわらず事実上資本移動が自由になってきている。そうした中で，中国は，ユーロを採用している欧州連合（EU）の国々のように，金融政策の独立性を放棄するか，それとも日本のように固定相場制を放棄するかという選択を迫られている（付録 2-2）。

図表 2-1　国際金融のトリレンマ説

	自由な資本移動	金融政策の独立性	固定相場制	例
資本規制	×	○	○	中国
通貨同盟	○	×	○	ユーロ圏内
変動相場制	○	○	×	日本

（出所）筆者作成。

1　ティンバーゲンの定理を提唱したヤン・ティンバーゲンは 1969 年に，マンデルの定理を提唱したロバート・マンデルは 1999 年に，いずれもノーベル経済学賞を受賞している。

3.「管理変動相場制」が現実的な選択

　中国としては，金融政策を米国の連邦準備制度理事会（FRB）に任せられ
ない以上，変動相場制を採用するしかない。しかし，金融改革がまだ道半ばで
ある中国にとって，「完全変動相場制」を採用することは当面ないだろう。今
後，レートの変動幅を漸次に広げていくことによって，「管理変動相場制」に
移行していくことが，最も現実的選択となろう。

　人民元の行方は，中国の国内の経済問題にとどまらず，米国の対外不均衡問
題を考える上でも，重要なファクターとして注目されている。2003 年以降，
民間資金の米国への流入が減少する中で，米国の巨大な経常赤字のファイナン
スはますます諸外国の公的資金に頼らざるを得なくなっているが，各国の外貨
準備の動きから判断して，その主役は日本からアジアの発展途上国にシフトし
つつある。

　中でも，中国は米国の最大の貿易赤字相手国となる一方，増え続ける外貨準
備の大半の資金を米国債の購入という形で米国に還流させている。これに対し
て米国は，貿易赤字を縮小させるために，中国に対して人民元の切り上げを求
めている。米財務省は 2005 年 5 月 17 日に発表した「為替政策報告書」の中
で，中国が人民元の変動幅の拡大など人民元改革の早期実施に応じない場合に
は，半年後の報告書で同国を「為替操作国」と認定し，強硬措置の発動も辞さ
ない方針を表明した[2]。

　しかし，FRB のグリーンスパン議長も認めているように，米国の貿易赤字
は主に投資と貯蓄の不均衡を反映した構造的なものであり，中国からの輸入が
他の途上国からの輸入に代替されやすいことを考え併せれば，人民元切り上げ

2　U.S. Department of the Treasury, Office of the International Affairs, "Report to Congress on International Economic and Exchange Rate Policies," May, 2005。「為替政策報告書」は年二回発表され，その表題が 2016 年上半期には "Report to Congress, Foreign Exchange Policies of Major Trading Partners of the United States" に，また，2018 年上半期に "Report to Congress, Macroeconomic and Foreign Exchange Policies of Major Trading Partners of the United States" に変更された。

によって米国の対中貿易赤字が減少しても，合計の貿易赤字はあまり変わらないだろう（2005年6月23日の上院財政委員会の公聴会での証言）。

　むしろ，中国当局が市場への介入を止め，人民元の上昇を容認するようになれば，外貨準備も増えなくなり，その結果，米国債に対する需要が減り，ドルの下落と米国金利の上昇圧力がもたらされるだろう。

　このように，人民元の切り上げは，米国のためではなく，中国自身のためである。中国には，「敵が反対することは我々が擁護する，敵が擁護することは我々が反対する」（『毛沢東語録』）という感情論を排除し，国益に沿った理性的判断が求められている。

付録 2-1

購買力平価で見る人民元の実力

経済産業研究所　中国経済新論：実事求是，2003 年 3 月 20 日。

　最近，塩川財務大臣をはじめ日本の政策当局者は，中国に対して人民元の切り上げを求めている。その理由の一つとして，現在の人民元のレートがその購買力平価（Purchasing Power Parity, PPP）から大きく乖離していることに象徴されるように，中国経済の真の実力を反映していないということが挙げられる。では，PPP から見た人民元の理論値はどのぐらいで，現在の水準はそれとどの程度乖離しているのであろうか。また，PPP を基準にすると，中国のGDP はどのぐらいの規模になっているのであろうか。

　PPP は「一物一価の法則」が成立するように為替レートが決まる，または決められるべきだという考え方である。財が一つしかない世界ではその計算は極めて単純である。実際，毎年 4 月に英国の『エコノミスト』誌がビックマックの価格に基づいて各国通貨の PPP を計算している。例えば，日本ではビックマックの値段が 130 円，米国では 1 ドルと仮定すると，円の PPP は 1 ドル＝130 円となる。名目為替レートが 1 ドル＝120 円であれば，円は PPP と比べて 10 円ほど割高となる。

　しかし実際には，財の数は万単位にも上り，また直接国際競争に晒されないサービスも多く存在するため，計算の対象をどこまで広げるかによって PPP の理論値は大きく違ってくる。最もよく引用される世界銀行の『世界開発報告』（2002 年版）の推計によると，1 ドル＝8.28 元という現行の為替レート換算では，中国の物価水準は米国の 21％にすぎず，PPP が成立するためには人民元を 1 ドル＝1.74 元（8.28×0.21）まで切り上げなければならない。言い換えれば，中国の場合，米国の物価を基準とすれば，PPP の均衡レートは 1 ドル＝1.74 元になり，実際のレートとの間に 4.7 倍ものギャップが生じていることになるのである。

　しかし，中国に限らず所得水準の低い発展途上国であるほど，自国の為替レートが PPP よりずっと割安であるという現象が観測されている。これは，工業製品などの貿易財に関しては一物一価の法則が概ね成立しても，非貿易財である多くのサービスに関しては，賃金水準の格差を反映して，低所得国であるほど安いという「バラッサ＝サミュエルソンの仮説」に沿ったものである。これによると，実際の為替レートとその PPP の理論値からの乖離幅は，経済が発展すればするほど小さくなり，先進国のレベルに到達すれば大体 PPP に見合うレベルまで下がることになる（図表 2-2）。

　従って，人民元の名目為替レートの PPP 基準の理論値からの乖離は，発展段階に比例する部分と，中国独自の要因を反映する部分に分解することができる。実際，中国と同じ発展段階にある国々（一人当たり GDP が 840 ドル）の平均で見ると，物価水準は米国の 31％に当たり，実際の為替レートと PPP の理論値との乖離は 3.2 倍（1/0.31）である。これと比べても，中国の物価はさらに 32％（1−0.21/0.31）ほど安くなっている。つまり，米国とではなく，同じ発展段階にある発展途上国の間で PPP が成立するためには，人民元の理論値は 1 ドル＝8.28 元×（1−0.32）＝5.63 元でなければならない。

　PPP という概念は，国内総生産（GDP）の国際比較においてよく使われて

図表 2-2　所得水準と反比例する各国通貨の PPP レートと名目為替レートとの乖離

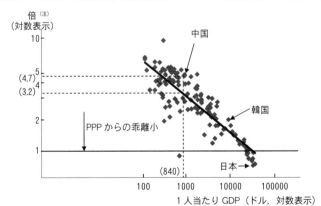

（注）名目為替レート／ PPP レート。
（出所）World Bank, *World Development Report 2002* のデータより作成。

いる。名目為替レートに基づく計算では，中国の GDP は 1.06 兆ドルにとどま
り，日本の 4.34 兆ドルには遠く及ばないが，PPP 基準では中国が 4.97 兆ド
ル，日本が 3.35 兆ドルとなり，既に逆転しているのである（2000 年現在，世
界銀行 2002 年『世界開発年報』による）。しかし，中国の人口が日本の 10 倍
であることを考えれば，一人当たり GDP で見て，中国が 3,940 ドルであるの
に対し，日本が 26,460 ドルと，依然として大きくリードしていることは言う
までもない。

付録 2-2

中国は対ドル安定の政策を持続させるべきか
―― ノーベル賞受賞者としてのマンデル vs 若きマンデル

経済産業研究所　中国経済新論：実事求是，2006 年 10 月 27 日より抜粋，一部調整。

　　1999 年のノーベル経済学賞の受賞者で，ユーロの父と呼ばれるコロンビア大学の R. マンデル教授（1932 年生まれ）は，中国では国際通貨問題の権威としてもてはやされ，人民元改革についても意見を求められている。近年，マンデル氏は一貫して人民元の切り上げに反対し，ドルペッグ制を維持すべきだと主張してきた[1]。しかし，これらの主張は，彼のノーベル賞の受賞理由にもなった「さまざまな為替制度における金融・財政政策」（経済政策の手段の割当，マンデル・フレミング・モデル）と，「最適通貨圏」に関する 1960 年代の業績から導かれる結論とは矛盾していると言わざるを得ない。人民元問題を巡って，ノーベル賞受賞者としてのマンデルと若きマンデルのどちらの見解が正しいのだろうか。

経済政策の手段の割当

　　複数の目標を達成しようとする時に，「政策目標と同じ数の政策手段を必要とする」という「ティンバーゲンの定理」に加え，「政策の諸手段は，それぞれが最も効果を発揮する政策目標に対して割り当てられるべきであるという「マンデルの定理」に基づくポリシー・ミックスの発想が求められる[2]。

　　これに対して，近年，マンデル氏は，人民元切り上げに反対する理由として，それが実施されれば，「海外からの投資が減る」，「中国経済が失速する」，

1　Mundell, Robert A. "The Renminbi and the Global Economy," *SHKP Nobel Laureates Distinguished Lecture*, The Chinese University of Hong Kong, June 6, 2005.

2　Mundell, Robert A. "The Appropriate Use of Monetary and Fiscal Policies for International and External Stability," *IMF Staff Papers*, Vol. 9, No.1, 1962.

「銀行の不良債権が増える」「中国企業の利益率が下がる」,「人民元の兌換性の実現が遅れる」,「中国農村地域でデフレ圧力が高まる」,「東南アジア地域の不安定要素が生まれる」,「人民元の中国以外の地域での地位に影響する恐れがある」,「投機筋に絶好のチャンスを与えることになる」と, 多くの弊害が出る可能性を指摘した。しかし, 彼が自ら考案した「マンデルの定理」に従えば, 為替政策は対外不均衡の是正に割り当てるべきであり, それ以外の問題の解決は制度改革など, 他の手段に求めるべきである。

固定相場制における金融政策の無効性

　マンデル氏が考案した「マンデル・フレミング・モデル」は, 為替制度の相違ならびに資本規制の有無によって金融政策と財政政策の効果が異なることを示している[3]。例えば, 資本移動が自由で, 固定相場制が採用される場合, 当局は独自の金融政策を行うことができず, 金融政策が無効になってしまう。なぜならば, 為替リスクが生じない固定相場制の場合, 金利裁定が働き, 国内の金利水準が海外（ペッグの対象となる通貨）の金利水準と緊密に連動するからである。当局はマネーサプライを調整しようとしても, その効果が資本の流出入によって相殺されるため, 金利と同様に, 自らの意思で決めることができない。

　「マンデル・フレミング・モデル」はその後,「国際金融のトリレンマ説」に拡張された。すなわち, どの国においても,「自由な資本移動」,「金融政策の独立性」,「固定相場制」という三つの目標を同時に達成することができない。中国は, これまで事実上のドルペッグ制である固定相場制を維持しながら, 資本規制（「自由な資本移動」を放棄する）を通じて, 金融政策の独立性を維持しようとしてきた。しかし, WTO加盟などを経て資本移動が活発化するにつれて, 中国としては, 金融政策の独立性を維持するためには, 変動相場制への移行が求められている。これに対して, 近年, マンデル氏は中国が固定相場制を堅持すべきだと主張し続けている。

3　Mundell, Robert A. "Capital Mobility and Stabilization Policy under Fixed and Flexible Exchange Rates". *Canadian Journal of Economics and Political Science*, Vol. 29, No. 4, 1963.

最適通貨圏の理論

　百歩譲って，中国にとって変動相場制よりも固定相場制のほうが望ましいと
しても，ドルをペッグの対象にすべきかどうかについては疑問が残る。ドル
ペッグ制の下では，中国が実質的にドル圏に加わることになり，中国の金利は
米国の金利に大きく左右される。マンデル氏が提唱した「最適通貨圏の理論」
と同理論のその後の発展に従えば，両国間の景気循環の間の連動性が高けれ
ば，中国は，どちらにせよ米国と似通った金融政策のスタンスをとるため，金
融政策を米国（連銀）に任せてもそれほど問題ではない[4]。しかし，実際，両
国は「非対称的ショック」に直面していることを反映して，経済成長率の相関
関係が極めて低い。

　このように，中国と米国の間では「最適通貨圏」の条件を満たしていない。
そうである以上，人民元をドルにペッグすることは，中国経済の安定化よりも
不安定化につながる可能性が大きい。現に，中国の通貨当局は，無理して人民
元の対ドル安定を維持しようとするために，大規模な市場介入を行わなければ
ならず，それに伴う過剰流動性の発生は，資産市場におけるバブルの膨張を助
長している。中国としては，マンデル氏の提言に付和雷同するのではなく，彼
の理論をきちんと理解し，中国経済の現状を踏まえた上で，為替政策を見直す
べきである。

4　Mundell, Robert. A. "A Theory of Optimum Currency Areas," *American Economic Review*
　　Vol. 51, No. 4, 1961.

第Ⅱ部

2005 年以降に採用されている「管理変動相場制」の実態
——BBC 方式と内外環境の変化に配慮——

　市場と米国からの強い圧力を受けて，2005 年 7 月 21 日に，中国政府は「為替制度改革」を行い，人民元の「管理変動相場制」への移行に踏み切った。しかし，その後も当局が為替レートの決定において強い裁量権を持っており，人民元レートは市場の需要と供給を反映して自由に変動するというよりも，当局によって厳しく管理されている。

　人民元は，当初，インフレ率と連動する形でドルに対して緩やかに上昇し，2008 年 9 月のリーマン・ショック辺りから 2010 年 6 月まで，緊急避難的措置としてドルペッグ制に戻った時期を経て，再びドルに対して上昇し始めた。元高傾向は暫く続いたが，2015 年 8 月以降，資本流出の加速に伴う国際収支の悪化を背景に，元安傾向に転じた（第 3 章）。

　「管理変動相場制」に移行してから，BBC（バンド，通貨バスケット，クローリング）方式の一環である通貨バスケットが，人民元の対ドルレートの決定要因として強調されたが，その構成が発表されていない上，人民元レートとユーロなどとの連動性が極めて薄かったことから，ドルが通貨バスケットの大半のウェイトを占めていたと思われた。しかし，2016 年 2 月中旬に，人民元の下落に歯止めをかけるために，当局は人民元の基準値となる対ドル中間レートを決める際，「前日終値＋通貨バスケット調整」方式を導入した。それに合わせて，参考となる通貨バスケットのウェイトが大幅に調整され，ドルのウェイトが下げられた一方で，ユーロや円など，他の主要通貨のウェイトが上げられたと見られる（第 4 章）。

　中国のインフレ率や国際収支，通貨バスケットの構成通貨の動きに加え，米中貿易摩擦も人民元の対ドルレートを左右する要因となっている。人民元がドルに対して安定的に推移する，または下落する時に，米国からの切り上げ圧力が特に高いという傾向が見られる。2019 年 8 月に米中貿易戦争が勃発する中で，米国は中国を「為替操作国」に認定した（第 5 章）。

第3章

元高局面から元安局面へ

第1章で述べているようなBBC（バンド，通貨バスケット，クローリング）方式に基づいた「管理変動相場制」は2005年7月に導入された[1]。これをきっかけに，人民元はドルに対して緩やかに上昇し始めた。当初，為替政策の目標が物価の安定に置かれていたと見られ，これを反映して，人民元の上昇のペースは，インフレ率と連動していた。2008年9月のリーマン・ショック辺りから，緊急避難的措置として，人民元は一時的に事実上ドルペッグ制に戻ったが，2010年6月に再び上昇軌道に戻った。しかし，2015年8月に，主に資本収支の悪化（資金の純流出）とそれに伴う外貨準備の減少を背景に，それまでの元高傾向は元安傾向に転じた。

1. 人民元改革への第一歩：市場よりも米国政府へ配慮

野村資本市場研究所，中国情勢レポート05-07，2005年7月25日を一部調整。

1.1 「変動」よりも「管理」が重視される「管理変動相場制」

2005年7月21日に，中国人民銀行が，人民元為替レート決定メカニズムを改善するための改革に関する公告を発表した（図表3-1）。中国は人民元の対ドルレートをこれまでの1ドル＝8.2765元から一旦8.11元に切り上げ，今後はドルペッグ制から変動相場制に移行する。新しい制度では，当局が毎日，銀行間取引の終値を翌営業日の中間レートとして発表し，市場取引は中間レート

---

1 余永定，「人民元為替制度改革という歴史的決定」，『金融時報』，2005年7月23日。

図表 3-1　「人民元為替レート決定メカニズムを改善するための改革に関する公告」

(1) 中国は 2005 年 7 月 21 日から，市場の需給を基礎とし，通貨バスケットを参考に調整される，「管理変動相場制」を実行する。人民元は今後，ドルという単一通貨へのペッグ制を採用せず，より弾力性に富む人民元為替レート決定メカニズムを形成する。

(2) 中国人民銀行は各営業日の市場取引終了後，当日の銀行間外為市場におけるドルなど各通貨の対元レートの終値を発表し，翌営業日の対人民元の取引の中間レートとする。

(3) 2005 年 7 月 21 日午後 7 時，ドルの対元レートを 1 ドル＝8.11 元とし，翌日の銀行間外為市場における外貨取扱指定銀行による取引の中間レートとし，外貨取扱指定銀行は，この時より顧客に公表する為替レートを調整する。

(4) 現段階において，毎日の銀行間外為市場におけるドルの対人民元の取引価格の変動幅は，引き続き中国人民銀行が発表するドルの取引の中間レートの上下 0.3％以内とする。ドル以外の通貨の対元レートの変動幅は，中国人民銀行が発表する同通貨の取引の中間レートに対する規定の比率内とする。

中国人民銀行は今後，市場の育成状況や経済・金融情勢に合わせ，レート変動幅を適時に調整する。同時に，中国人民銀行は国内外の経済・金融情勢に合わせて，市場の需給を基礎に，通貨バスケットの為替レートの変動を参考に，人民元為替レートに対する管理と調整を行い，人民元為替レートの正常な変動を守り，人民元為替レートの合理的かつバランスの取れた水準での基本的な安定を守り，国際収支の基本的な均衡を促進し，マクロ経済と金融市場の安定を守っていく。

（出所）中国人民銀行，2005 年 7 月 21 日。

図表 3-2　新しい制度における人民元レートの決め方

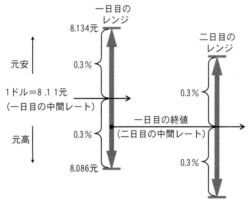

（出所）中国人民銀行，「人民元為替レート決定メカニズムを改善するための改革に関する公告」，2005 年 7 月 21 日より作成。

の＋／−0.3％のバンド内で行わなければならない（図表 3-2）。

これを以て，中国は「市場の需給を基礎とし，通貨バスケットを参考に調整される，『管理変動相場制』を実行する」ことを公約している。しかし，「市場

の需給」を均衡させるレートと「通貨バスケット」に基づいたレートは別々の
ものである上，いずれもバンド外に出てしまう可能性があることを考えれば，
新たに導入された「管理変動相場制」の下でも，当局が引き続き積極的に外為
市場に介入し続けるであろう。

　通貨バスケットの構成は公表されていないが，ドルの他に円やユーロが比較
的高いウェイトを占めていると見られる。仮に当局が通貨バスケット通りに為
替レートを決めれば，人民元と円やユーロといったドル以外の主要通貨との連
動性が強まることになる。通貨バスケットに従えば，もし，円のウェイトが
10％，ユーロのウェイトが 15％，ドルのウェイトが 75％とすると，円とユー
ロがそれぞれドルに対して 10％上昇すれば，人民元は 0.1％（円高による分）
＋0.15％（ユーロ高による分）の計 0.25％上昇することになる。実際の為替
レートがこの「理論値」になるためには，当局の市場への介入が必要である。
その上，円とユーロの変動が大きい時に，通貨バスケットに沿った人民元の変
動は，値幅制限一杯の 0.3％を超えることも考えられる。その場合，通貨バス
ケットよりもバンドのほうが優先されることになり，当局は市場レートがバン
ドから出ないように介入しなければならない。

　結局，当局は，依然として人民元レートについて，最終的決定権を持ってい
ることになる。実際，新しい制度を導入してからの初日となった 2005 年 7 月
22 の人民元の対ドルレートは，中間レートとほぼ一致する 8.1111 元で取引を
終えた。これは，市場での需給や通貨バスケットを構成した通貨（円やユーロ
など）の変動よりも当局の介入の結果であると理解すべきであろう。

1.2　不十分な切り上げ幅

　中国は，今回の改革を通じて国際社会に対して協調的姿勢を見せることによ
り，米国をはじめとする先進国との貿易摩擦が幾分緩和されるだろう。特に，
米財務省が 2005 年 5 月に発表した「為替政策報告書」において，6 ヵ月以内
に人民元改革に進展がなければ，中国を「為替操作国」と認定し，特別関税の
導入などの報復措置を講じると迫ったが，今回の措置によりそのリスクが解消
されると見られる。

　しかし，今回の切り上げ幅が2%程度にとどまっていることは，市場での投機を沈静化させることにも，対外不均衡の是正にも不十分であると言わざるを得ない。実際，新制度実施の初日である2005年7月22日には，海外市場で取り引きされた人民元の先物（1年物）レートは，7.74元と，当日の公定レートと比べて4.5%ほどのプレミアムが残ったままである。従って，今回の措置によって人民元の切り上げへの期待，ひいてはホットマネーの流入が収まることはないだろう。その一方で，今回の切り上げは小幅にとどまっているため，中国の貿易を中心とする経常収支や，直接投資の流入を中心とする資本収支の黒字の大幅な減少も見込めない。結局，当局が人民元レートを市場の均衡レートより低い水準を維持しようとする以上，引き続き介入を通じて需要を上回って供給されるドルを吸収しければならない。その結果，これまでと同様，外貨準備が増え続けることになる。このままでは，変動相場制へ移行することにより金融政策の独立性を高めるという目的も達成できない。

　人民元改革を巡る今後の最大の課題は，依然として割安になっている公定レートをいかに市場の均衡レートに導いていくかにある。1日0.3%という値幅制限一杯の上昇を容認すれば，10日間だけで累計（複利計算）3%を超える切り上げが実現できる。従って，運用次第では現在の仕組みにおいてもさらなる為替調整が十分可能である。これに対して，中国当局が，今後もこれまでと同様に，市中の需給関係を無視して毎日の中間レートを前日とほとんど変わらない水準に据え置くことになれば，海外からの批判とさらなる人民元への投機を招くこととなろう。

2．インフレと「元高」の同時進行：
好対照となる人民元の対内価値の低下と対外価値の上昇

経済産業研究所　中国経済新論：実事求是，2008 年 2 月 27 日より抜粋。

2.1　実質為替レートの上昇を反映

　中国では，インフレと人民元の対ドルレートの上昇が同時に進行しており，人民元の対内価値の低下と対外価値の上昇は好対照となっている（図表 3-3）。このことは，購買力平価（PPP）が成立せず，人民元の実質為替レートが上昇していることを意味する。

　購買力平価説によると，海外と比べてインフレの高い国では，通貨が弱くなり，通貨の対内価値の低下は，為替レートの下落を通じて，その対外価値の低下をもたらす。海外物価が所与とすれば，国内物価の上昇分（自国通貨の対内価値の低下分）だけ，為替レート（ひいては自国通貨の対外価値）が減価し，

図表 3-3　インフレと「元高」の同時進行

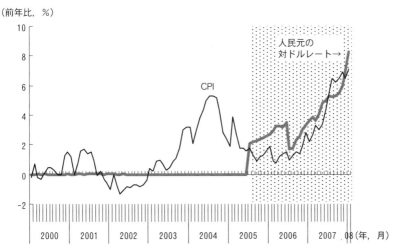

（出所）人民元の対ドルレートは国家外為管理局，CPI は国家統計局より作成。

逆に，国内物価の低下分（自国通貨の対内価値の上昇分）だけ，為替レート（ひいては自国通貨の対外価値）が上昇する。このように，PPPが成立する世界では，通貨の対内価値と対外価値が常に同じ方向で，しかも比例して動くことになる。その結果，実質為替レート（同じ通貨単位で計った国内物価の海外物価に対する比率，言い換えれば，国内製品の海外製品に対する相対価格）は一定の水準に保たれるのである[2]。

　これに対して，現在，中国で見られるインフレと「元高」の同時進行は，PPPが成立せず，人民元の実質為替レートが上昇していることを示している（BOX3-1）。インフレは中国製品の価格の上昇を意味し，その一方で，「元高」は人民元で見た外国製品の価格の低下を意味する。これを反映して，中国製品の外国製品に対する相対価格，すなわち，人民元の実質為替レートが上昇するのである。

2.2　実質為替レートが上昇する要因

　人民元の実質為替レートの上昇は，中国製品の国際競争力の向上と経済発展における「完全雇用」の達成を反映したものであると考えられる。

　まず，世界市場における需給関係の変化を反映して，中国の輸出価格が輸入（相手国の輸出）価格に対して上昇（交易条件が改善）することである。これまで，中国製品は「安かろう，悪かろう」のレッテルが貼られることに象徴されるように国際競争力が弱く，輸出拡大は，為替の切り下げによる価格低下に頼らざるを得なかった。そのため，交易条件とともに，人民元レートも低下の一途を辿ってきた。しかし，最近になって中国製品の国際競争力が高まるにつれて，人民元が上昇圧力に晒されるようになり，また実際上昇するようになっ

2　中国と外国（米国）は同質の自動車を生産するとしよう。購買力平価が成立する世界では，（人民元換算で見てもドル換算で見ても）自動車の価格は両国において同じでなければならない。例えば，自動車の価格は，中国では10万元，米国では1万ドルだとすれば，両国における価格が一致するように，元ドルレートは1元＝0.1ドルで均衡する。その結果，元の実質為替レート（中国の自動車の米国の自動車に対する相対価格）は（10万元×0.1ドル／元）／1万ドル＝1となる。貨幣の増発などから，中国でインフレが起こり，自動車価格が20万元になれば，為替レートが1元＝0.05ドルと元安となる。逆に，中国でデフレが起こり，自動車価格が5万元になれば，為替レートが1元＝0.2ドルと元高になる。いずれの場合においても，元の実質為替レートは1のままと，価格の変動が起こる前と変わらない。

たのである。

　その上，PPP の前提である一物一価は，製品など貿易財で成立しても，サービスなど非貿易財に関しては，成立するとは限らない。特に，高成長の国では，非貿易財の価格が貿易財に対して上昇する傾向が見られる。この現象は1960 年代に B. バラッサと P. A. サミュエルソンという二人の経済学者によって理論的に解明された[3]。彼らによると，生産性上昇が高い貿易財部門（製造業）では，賃金が生産性に比例して上昇するが，労働力の移動により産業間の賃金は平準化される傾向があるため，生産性の上昇が低い非貿易財産業（サービス業）においても，賃金はほぼ同じ率で上昇する。貿易財部門において生産性の上昇に見合った賃金上昇は価格の上昇につながらないが，非貿易部門では，生産性の上昇を上回る賃金上昇は，価格の上昇をもたらす。その結果，非貿易財の貿易財に対する相対価格が上昇する。（外貨建てで見た）貿易財価格が所与であると考えれば，この相対価格の変動は，固定相場制の場合，非貿易財（サービス）の価格，ひいては全体の物価水準（貿易財と非貿易財の加重平均）の上昇をもたらし，国内物価の安定を目指す変動レート変動相場制の場合，為替レートの上昇をもたらす。いずれの場合においても，実質為替レートが上昇する（図表 3-4）。

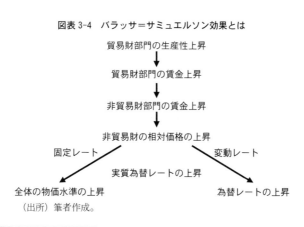

図表 3-4　バラッサ＝サミュエルソン効果とは

貿易財部門の生産性上昇

貿易財部門の賃金上昇

非貿易財部門の賃金上昇

非貿易財の相対価格の上昇

固定レート　　　　　　　　　変動レート

実質為替レートの上昇

全体の物価水準の上昇　　　　　　　　　為替レートの上昇

（出所）筆者作成。

3　Balassa, Bela A. "The Purchasing-Power-Parity Doctrine: A Reappraisal," *Journal of Political Economy*, Vol.72, 1964, 及び Samuelson, Paul A. "Theoretical Notes on Trade Problems," *Review of Economic and Statistics*, Vol.46, 1964.

　これまでの中国では，大量な余剰労働力が存在するため生産性の上昇はあまり賃金上昇には反映されなかったため，この「バラッサ＝サミュエルソン効果」は観測されなかったが，ここにきて好景気や農村部から都市部への大規模の労働力移動を背景に労働力が過剰から不足に向かう中で，ようやく顕著になってきたのである。

BOX 3-1　人民元の内外価値の乖離の前提となる実質為替レートの変化

　実質為替レートは同じ通貨単位で計った国内物価の海外物価に対する比率に当たる。国内製品と海外製品が同質なものでなければ，その相対価格である実質為替レートが需給関係の変化を反映して変動する。

　国内物価（国内製品の価格，自国通貨建て）を p，名目為替レートを e（ただし，外貨／自国通貨による表示，数字が大きいほど，自国通貨高を示す），海外物価（海外製品の価格，外貨建て）を p* とすれば，実質為替レート（t）は，

$$t = \frac{p \times e}{p^*}$$

によって表すことができる。この式が示しているように，実質為替レートは国内物価と名目為替レートの上昇によって上昇し，海外物価の上昇によって低下する。貿易財と非貿易財の区別がなく，国内と海外がそれぞれ一つの財の生産に特化する場合，国内物価は輸出価格に当たり，海外物価は輸入価格に当たるため，実質為替レートは輸出の輸入に対する相対価格，すなわち交易条件と同義となる。このように，名目為替レートは通貨間の交換比率であるのに対して，実質為替レートは製品間の交換比率である。

　国内物価（通貨の対内価値）と海外物価（通貨の対外価値）との関係は次のように，実質為替レートの動きに大きく左右される（図表）。

①実質為替レートが一定である（すなわちPPPが成立する）場合，国内物価と海外物価は常に比例して動く。Aから出発して，Bのように「人民元の対内価値と対外価値が共に上昇」か，Cのように「人民元の対内価値と対外価値が共に低下」という変動のパターンしかない。

②実質為替レートが上昇する場合，Aから出発してDとFはそれぞれ「人民元の対内価値と対外価値が共に上昇」，「人民元の対内価値と対外価値が共に低下」するケースに当たるが，Eは現在見られる「人民元の対内価値の低下

と対外価値の上昇」のケースに当たる。このように，実質為替レートの上昇
は，人民元の対内価値の低下と対外価値の上昇の必要条件ではあるが，十分
条件ではない。

③実質為替レートが低下する場合，A から出発して G と I はそれぞれ「人民
元の対内価値と対外価値が共に上昇」，「人民元の対内価値と対外価値が共に
低下」するケースに当たるが，H は「人民元の対内価値の上昇と対外価値の
低下」のケースに当たる。「人民元の対内価値の低下と対外価値の上昇」の
同時進行はあり得ない。

図表　国内物価・海外物価・実質為替レートの関係

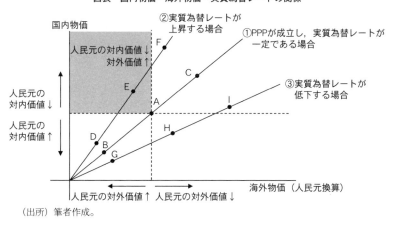

（出所）筆者作成。

3．まもなく再開が予想される人民元の切り上げ[4]

経済産業研究所　中国経済新論：実事求是，2010 年 5 月 19 日より抜粋。

　中国は 2005 年 7 月に「管理変動相場制」に移ってから，人民元がドルに対
して緩やかに上昇したが，2008 年 7 月以降，世界的金融危機への対応の一環
として，事実上ドルペッグ制（ドル連動制）に戻っている。しかし，均衡水準

4　本文の予測通り，2010 年 6 月に人民元の切り上げが再開された。

と比べて割安の人民元レートを維持するために，当局は大規模な介入を行わなければならず，それに伴う流動性の膨張はインフレ圧力の上昇と不動産価格の高騰をもたらしている。その上，米国は，中国が為替レートの操作によって不当な利益を上げていると批判し，人民元の切り上げを迫っている。このような難局を乗り越えるために，人民元の切り上げの再開は避けられず，その時期も近づいていると見られる。

3.1　国際収支黒字の拡大で高まる人民元切り上げ圧力

　近年，中国の国際収支黒字の拡大とそれに伴う外貨準備の急増に象徴されるように，人民元は上昇圧力に晒されている。当初，中国当局は，「元高」に伴う輸出の減速や，雇用の悪化，デフレ圧力などを懸念したため，切り上げには消極的であったが，その後，市場と外国政府からの圧力がさらに高まったことを受けて，2005年7月21日に，ついに人民元を2.1％切り上げると同時に，これまでとってきたドルペッグ制から離脱し，「人民元為替レート決定メカニズムを改善するための改革」（「為替制度改革」）に踏み切った。

　当初，人民元の対ドル上昇は年率1％程度にとどまっていたが，2007年以降，インフレ対策の一環として，当局は切り上げのペースを加速させた（図表

図表3-5　人民元の対ドルレートの推移

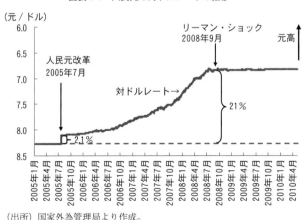

（出所）国家外為管理局より作成。

図表 3-6　GDP 成長率とインフレ率の推移

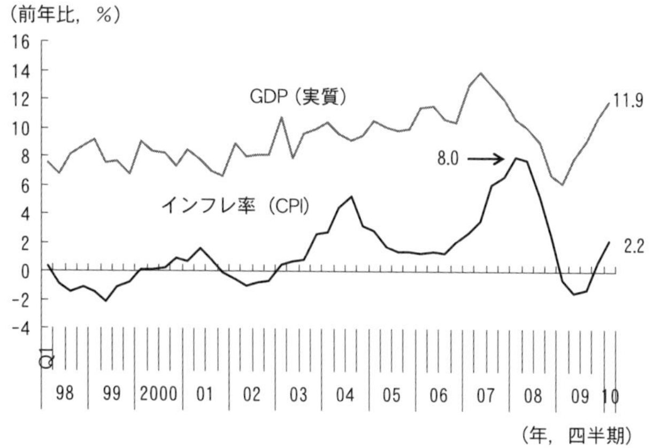

(前年比，％)

（出所）国家統計局より作成。

3-5)。「為替制度改革」が始まった 2005 年 7 月からの 3 年間で人民元はドルに対して 21％上昇した。しかし，米国発の世界的金融危機が深刻化する中で，中国は，2008 年 7 月以降事実上ドルペッグ制に戻り，それ以来，人民元の対ドルレートは極めて狭いレンジで安定している。

　しかし，ここにきて，景気回復とともに，インフレ圧力も高まってきた（図表 3-6)。その上，不動産価格が急上昇しており，中国経済はバブルの様相を呈している。人民元の上昇を抑えるために行われているドル買い・人民元売りの介入も，流動性の膨張を通じて，景気の過熱に拍車をかけている。安定成長を持続させるために，当局は，やがて利上げとともに，再び人民元の切り上げを実施せざるを得ないだろう（BOX3-2)。

3.2　再燃する米中間の人民元摩擦

　人民元の切り上げは景気の過熱を解消させるためだけでなく，米国との貿易摩擦を抑えるためにも必要である。

　2005 年 7 月に中国が事実上のドルペッグ制から「管理変動相場制」に移行してから，米中間の人民元を巡る摩擦は一旦沈静化したが，2009 年にオバマ

政権の誕生と米国における金融危機の深刻化を受けて再燃した。その発端は，オバマ米大統領が財務長官に指名したガイトナー氏が同年1月22日に，人事を承認する上院財政委員会の質問への書簡での回答で，大統領の言葉を引用しながら，中国が自国通貨を操作していると批判したことである。これに対して，温家宝総理は，「中国が人民元レートを操作していると言うのは，まったく根拠のないことである」と反論した（第5章第1節参照）。

その後，2009年11月のオバマ大統領の訪中などで，米中関係は小康状態が保たれていたが，2010年に入ってから，オバマ大統領とダライ・ラマ14世の会談や，米国による台湾への武器輸出なども加わり，米中間の摩擦が再燃した。人民元問題を巡っても，米議会を中心に中国に対して再び批判が高まった。

その一方で，米中関係を修復する動きも見受けられている。まず，ガイトナー米財務長官が訪中し（2010年4月8日），中国の胡錦濤国家主席は核安全保障サミット（同年4月12-13日）に出席するためにワシントンを訪問するなど，要人の往来が頻繁になってきた。また，同年4月3日に米財務省は4月15日に予定されていた「為替政策報告書」の公表を延期すると発表した。同報告書において中国が「為替操作国」として認定されることになれば，中国の反発，ひいては報復合戦を免れないだろう。同報告書の公表の延期により，このような最悪の事態がとりあえず回避されることとなった。

3.3　米国のためでなく中国自身のための人民元改革

その見返りとして，米国は，中国が人民元の切り上げを早い時期に再開することを期待している。2010年5月下旬に米中戦略・経済対話，同年6月26-27日にG20トロント・サミットといった重要な国際会議を控えており，それらを睨みながら，中国は何らかの具体的行動を取ると予想される。

現に，温家宝総理は2010年3月に行われた全国人民代表大会閉幕後の記者会見で，「私たちは各国が互いに非難し合い，強制的に一国の為替レートを切り上げることに反対する。それは人民元の為替レートの改革に不利だからである」と強調しながらも，「私たちはさらに人民元為替レート決定メカニズムの

改革を推し進め，人民元レートが合理的でバランスの取れた水準で基本的な安定を保つようにする」と，自らの意思で改革に取り組む意欲を見せている。

　まもなく再開が予想される人民元の切り上げに当たって，外圧に屈しないというスタンスを貫くために，当局は米国が求めている大幅な切り上げには応じないであろう。その代わりに，小幅の切り上げとともに，2005年7月に導入されたBBC方式が再び実施されるだろう。改革の「進展」を見せるためには，例えば，変動幅をこれまでの上下0.5％からさらに広げるなど，一部の微調整も考えられる。ただし，当局が毎日自ら決める基準レートを発表する上，介入を通じてそれを維持しようとする以上，変動幅が広げられることは必ずしも人民元の切り上げが加速することを意味しない。為替政策の変更に伴う影響を考える時に，むしろ基準レートが今後どのようなスピードで上昇するか（クローリングの部分に対応）に注目すべきであろう。内外の政治経済情勢に鑑み，当局は年率5％程度の切り上げを容認するだろう。

BOX 3-2　物価を安定化させる手段として生かされる為替政策

経済産業研究所　中国経済新論：実事求是「『管理変動相場制』は
如何にして管理されているか」，2012年1月31日より抜粋。

　当局は，人民元の対ドル中間レート，ひいてはクローリングのペースを決める際，物価情勢を最も重視していると見られる。具体的に，インフレ率の上昇に対して，人民元の対ドル上昇を加速させる一方で，インフレの鈍化に合わせて，人民元の対ドル上昇のペースを抑えるのである[注]。

　為替レートを変動させることを通じて物価を安定化させるという当局の意図を反映して，2005年7月以降の人民元の対ドル上昇率と消費者物価指数（CPI）の上昇率で見たインフレ率（いずれも前年比）の推移を比較してみると，市場原理に反して，インフレ率が高いほど人民元の対ドル上昇のペースも速いという強い傾向が見られる（図表）。

（注）人民元の変動は次のルートを通じて，物価に影響を与える。まず，中国の輸入の大半がドルをはじめとする外貨建てになっており，人民元が強く（弱く）なれば，直接に輸入物価の低下（上昇）をもたらす。また，当局が人民元の上昇を容認すれば（人民元の上昇を抑えようとすれば），そうでない場合と比べて外為市場への介入規模が小さく（大きく）なるため，それに伴うベースマネー，ひいては流動性の拡大が減速（加速）することになる。

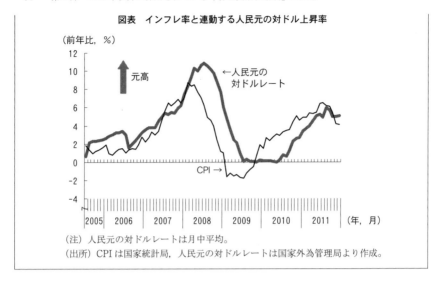

図表　インフレ率と連動する人民元の対ドル上昇率

（注）　人民元の対ドルレートは月中平均。
（出所）CPI は国家統計局，人民元の対ドルレートは国家外為管理局より作成。

4．人民元切り下げに転換した背景

経済産業研究所　中国経済新論：実事求是「未完の変動相場制への移行」，2015年9月10日より抜粋。

　中国人民銀行は，2015年8月11日に，市場取引の基準値となる人民元の対ドル中間レートを前日と比べ1.8％安い1ドル＝6.2298元とするとともに，中間レートを決める際，前日の市場の終値を参考にするという方針を発表した。前者は人民元の切り下げに当たり，ユーロ安と円安が進む中で，割高となった人民元レートを是正しようとするものである。後者は人民元の現行の「管理変動相場制」から「完全変動相場制」に向けた一歩であると位置づけられる。

　2015年8月11日に行われた切り下げ幅は，2005年7月に現行の「管理変動相場制」が導入されてから最大であった。その後も人民元の対ドル中間レートが下落し続け，12日には6.3306，13日には6.4010となり，下げ幅は3日間で累計4.4％に達した。

　これまで，当局は政策目標に合わせて，取引の基準となる人民元の対ドル中間レートを微調整してきた。しかし，ユーロや円といった主要通貨がドルに対して急落する中で，人民元は，これらの通貨に対して，ひいては（主要貿易相

手国のウェイトを付けた）実効ベースで，急上昇した（図表 3-7）。これまで
増え続けた外貨準備が 2014 年 6 月の 3.99 兆ドルをピークに，低下傾向に転じ
た（2015 年 7 月には 3.65 兆ドル）ことも，人民元が既に市場の需給を反映し
た均衡水準と比べて割高となっており，下落圧力に晒されていることを示唆し
ている（図表 3-8）。

　世界経済の低迷も加わり，中国の輸出（ドルベース）の伸び率は 2015 年の
1-7 月の累計では前年比－0.8％，直近の 7 月に限って見ると－8.3％と減速し
ている。輸出の不振は，住宅市場の調整を背景に進行している経済成長の鈍化
にさらに拍車をかけている。同年 7 月のマクロ統計はいずれも景気の弱さを裏
付けるものであり，政府が掲げている年間 7％の成長目標が達成できないと懸
念される（上半期の実績は 7.0％）。同年 8 月に実施された人民元切り下げの狙
いは，まさに輸出を促進することを通じて，景気を支えることである。

　現在，1 日当たりの人民元レートの変動幅は当局が公表する対ドル中間レー
トの上下 2％に制限されているが，仮に毎日，市場レートは下限まで下落し，
また当局が前日の終値をそのまま当日の中間レートとして採用すれば，現行の

図表 3-7　主要通貨に対する人民元レートの変動

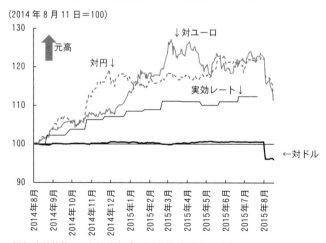

（注）実効為替レートは月次データ（2014 年 8 月＝100）。
（出所）人民元の対各通貨レートは国家外為管理局，実効為替レートは国際
　　　決済銀行（BIS）より作成。

図表 3-8　人民元の対ドルレートと外貨準備の変化（月次）

元／ドルレート

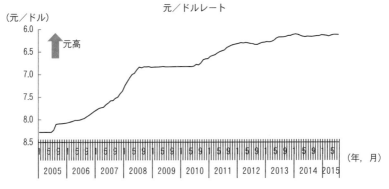

外貨準備の変化分（前月比）

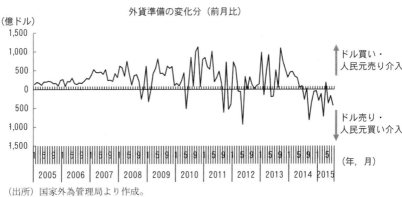

（出所）国家外為管理局より作成。

制度の下でも，短期間に人民元の大幅な切り下げを実現することが可能である（例えば，毎日2％の下落が10日間も続けば，複利計算で2割を超える下落となる）。しかし，人民元の大幅な下落が，米国をはじめとする先進国との貿易摩擦を激化させる恐れがある上，中国からの資本流出と，東南アジアをはじめとする途上国を巻き込む競争的な切り下げを誘発しかねないことから，中国としては，さらなる切り下げには慎重にならざるを得ない。

　実際，2015年8月13日に中国人民銀行が行った記者会見において，易綱・副総裁は，「輸出を促進するために人民元を10％程度切り下げようとしているという指摘があるが，でたらめな話だ」，また張暁慧・総裁補佐は「元は比較的強い通貨で，徐々に安定する」，「元が下落する土台はなく，将来は元高トレ

ンドに戻る」と指摘した。当局のこのような発言は，事実上の人民元切り下げ
の終結宣言と受け止められている。

　一方，中国は，人民元レートの柔軟化を軸とする人民元改革を目指してお
り，今回，「中間レートを決める際，前日の市場の終値を参考にする」という
方針が採用されたことは，その一環として捉えることができる。また，国際通
貨基金（IMF）の特別引出権（SDR）の構成通貨が年内に見直される予定で，
人民元は有力候補として審査の対象となっており，その実現に向けて，中国
は，今回の措置を通じて，人民元改革の進展をアピールする意図もあると見ら
れている。

5．中国の外貨準備がなぜ急減しているか：
　　評価損と資本流出を反映

経済産業研究所　中国経済新論：実事求是，2015 年 12 月 28 日より抜粋，一部調整。

5.1　外貨準備減少の要因分解

　中国の外貨準備は 2014 年 6 月の 3 兆 9,932 億ドルをピークに低下し始め，
2015 年 11 月には 3 兆 4,383 億ドルとなった。これは主にユーロなど中国の外
貨準備の運用対象となるドル以外の主要通貨がドルに対して低下したことによ
る評価損に加え，中国からの資本流出が加速したことを反映している。ここで
は，中国人民銀行が発表する「国家外貨準備規模」と，国家外為管理局が発表
する「国際収支バランス表」を比較しながら，外貨準備が急減した原因を探
る。ただし，「国家外貨準備規模」（月次）は同年 11 月までの分が既に発表さ
れているが，「国際収支バランス表」（四半期）はまだ同年第 3 四半期までの分
しか発表されていないことを考慮し，分析の対象期間を 2014 年 6 月-2015 年 9
月に限定する。

　結論から言うと，2015 年 9 月の外貨準備は 3 兆 5,141 億ドルと，2014 年 6
月と比べて 4,791 億ドル減ったが，その内，2,213 億ドルは為替レートと金利
変動による評価損に当たり，2,578 億ドルは国際収支の赤字を反映したもので

図表 3-9　外貨準備変化分の要因分解（2014 年 6月-2015 年 9月）

（単位：億ドル）

外貨準備変化分		-4,791
評価損益		-2,213
国際収支バランス		-2,578
	経常収支	3,512
	資本収支	-3,891
	（誤差脱漏を含む）	（-6,090）

（注）2015 年 7-9 月期の誤差脱漏は資本収支に含まれている。
（出所）外貨準備は中国人民銀行「国家外貨準備規模」，国際
　　　　収支バランス，経常収支，資本収支は国家外為管理局
　　　　「国際収支バランス表」より作成。

ある。この期間における中国の経常収支が大幅な黒字を計上したのに，国際収支全体が赤字になったのは，資本収支（誤差脱漏を含む）の赤字がそれを上回ったからである（図表 3-9）。

5.2　ユーロ安などによる巨額に上る評価損

　中国の外貨準備には，ドルの他にユーロや円といった主要通貨も含まれている。これら通貨の対ドルレートが変動すれば，ドルベースで評価すると損益が生じることになる。為替レートの変動の他に，運用対象が債券である場合，金利の変動によっても評価損益が生じる。

　2014 年 6 月から 2015 年 9 月にかけて，評価損益を反映している「国家外貨準備規模」ベースの中国の外貨準備は 4,791 億ドル減少したが，評価損益を考慮しない「国際収支バランス表」ベースで見ると，外貨準備の減少幅は 2,578 億ドルにとどまった。両者の差である 2,213 億ドルは評価損に当たると見られる。この時期において，主要通貨の金利は相対的に安定していたが，ユーロと円がそれぞれドルに対して 20％ほど下落しており，評価損の大半は為替レートの変動によるものであると推測される[5]。

5.3　資本収支の悪化

　為替レートの変動などによる運用の評価損に加え，国際収支における資本収支の悪化も，外貨準備の減少をもたらしている。

　国際収支統計においては，次の恒等式が成り立つ[6]。

$$経常収支＋資本収支＋外貨準備増減＋誤差脱漏＝0$$
$$\Rightarrow 外貨準備増減＝経常収支＋資本収支＋誤差脱漏$$

　中国の場合，これに対応する「国際収支バランス表」ベースの「外貨準備増減」は2014年6月から2015年9月にかけて，累計2,578億ドル減となった。この期間において，輸出額が減少したが，その一方で輸入額がそれ以上落ち込んだため，経常収支の黒字幅はむしろ拡大した。それにもかかわらず，外貨準備が減少したのは，資本収支の赤字が，累計3,891億ドル，誤差脱漏を含むと同6,090億ドルに達し，経常収支の黒字を大幅に上回ったからである。

　資本流出が加速している背景には，次の三つの内外の環境変化が挙げられる。

　まず，米国をはじめ海外の主要市場における金利は概ね安定しているが，中国では金融緩和の結果，金利が急速に低下している。これによってもたらされた内外金利差の縮小は中国からの資本流出を誘発している。

　また，これまで見られた人民元の切り上げ期待が切り下げ期待に変わってきている。このことは，これまで人民元の切り上げを見込んで中国に流入した資金が海外に還流するきっかけになる一方で，国内の資金が海外に流出することにも拍車をかけている。

　さらに，政府が汚職撲滅に力を入れている中で，汚職官僚たちは，資産の海

5　中国の外貨準備の通貨別構成は発表されていないが，仮に非ドル資産（主にユーロと円）の割合が全体の3割程度と仮定すると，2014年6月から2015年9月にかけて，ユーロと円がそれぞれ20％ほど減価したことにより，2,400億ドル（3.99兆ドル×30％×20％）に上る評価損が生じたことになり，これは本文の推計結果（2,213億ドル）と極めて近い。

6　厳密にいうと，「外貨準備増減」はSDRや金などを含む「準備資産の増減」を指すが，外貨以外の準備資産は規模も変動も小さいため，ここでは，あえて両者を区別しない。

外への移転を加速させていると見られている[7]。2014 年以降，国際収支における誤差脱漏の赤字規模が大きくなっていることは，その表れである。

5.4　当面続く外貨準備の減少傾向

　国際収支は，外為制度に大きく依存している。変動相場制の下では，当局は原則として外為市場に介入しないため，外貨準備も変動しない。その場合，為替レートの変動により，経常収支の黒字（赤字）が資本収支（誤差脱漏を含む）の赤字（黒字）に相殺され，両者を合わせた国際収支の不均衡は生じない。

　しかし，中国が採用している「管理変動相場制」の下では，当局は取引の基準値となる中間レートを発表することや外為市場へ介入することを通じて，市場レートに決定的影響力を持っている。人民元の対ドル中間レートが市場の需給を反映する均衡レートより割安の水準に設定されると，人民元の上昇を抑えるために，ドル買い・人民元売り介入を実施しなければならない。その分だけ外貨準備が増えると同時に国際収支の黒字も生じる。2014 年 6 月までの状況はそれに当たる。逆に，人民元の対ドル中間レートが均衡レートより割高の水準に設定されると，人民元の下落を抑えるために，ドル売り・人民元買い介入を実施しなければならない。その分だけ外貨準備が減ると同時に国際収支の赤字も生じる。2014 年 7 月以降の状況はそれに当たる。

　資本流出を背景に人民元が切り下げ圧力に晒されている中で，当局が人民元レートを外為市場への介入を通じて維持しようとする限り，中国における外貨準備の減少傾向と国際収支の赤字基調は今後も続くだろう。

7　汪濤，「資本流出が加速，人民元レートはどこへ向かうか」，『証券時報』，2015 年 2 月 14 日。

第4章

人民元の対ドル中間レートはいかに決定されるか
──定着する「前日終値＋通貨バスケット調整」方式

経済産業研究所　中国経済新論：実事求是，2016年8月15日より抜粋。

　中国は，2005年から，従来の対ドル安定に重点を置いた為替政策（いわゆるドルペッグ制）から，人民元の変動相場制への移行を模索してきた。それに向けて，認められる毎日の変動幅は，当局が発表する「人民元の対ドル中間レート」（以下では「中間レート」）の上下0.3%から段階的に同上下2%に広げられた。また，中間レートの設定に当たり，市場の需給関係を反映した前日の終値と，主要通貨の対ドルの変動を考慮した「通貨バスケットの変動に応じた調整」（以下では，「通貨バスケット調整」）も強調されるようになった。ここでは，定着しつつある「前日終値＋通貨バスケット調整」方式を軸に，中間レートの決定要因を分析する。

1．「前日終値＋通貨バスケット調整」方式とは

　近年，中国人民銀行は，人民元の中間レート（基準値）の決定メカニズムの整備に取り組んできた。特に，2015年8月11日に，市場の実勢を反映させるために，中間レートを引き下げて人民元安を誘導すると同時に，それ以降，中間レートを決める際，市場の前日の終値を参考することを強調した。また，通貨バスケットを参考する度合いを強め，人民元の通貨バスケットに対する安定性を高めるために，同年12月11日に，中国外貨取引センター（CFETS）は，一種の「通貨バスケットレート」として，人民元の13ヵ国・地域の通貨からなる通貨バスケットに対する価値を示す「CFETS人民元レート指数」を導入

した。これに基づき，「前日終値＋通貨バスケット調整」方式という中間レートの決定メカニズムが確立されつつある。その具体的内容について，中国人民銀行は，次のように説明している[1]。

　当局が毎朝発表する中間レートは，マーケットメイカー（銀行間の人民元レート値決め行として中国人民銀行及び中国外貨取引センターに指定されている金融機関）によって提出される見積もりをベースに計算される。マーケットメイカーは中間レートを見積もる際に，「前日終値」と「通貨バスケット調整」を同時に考慮しなければならない。「前日終値」とは，前日 16 時 30 分に銀行間取引市場における人民元の対ドルレートの終値であり，主に外為市場の需給状況を反映する数値である。「通貨バスケット調整」とは，バスケットを構成する通貨が変動する中で，人民元の対通貨バスケットの価値（例えば，CFETS 人民元レート指数）を前日の水準に保つために必要となる人民元の対ドルレートの調整幅である。

　毎日，銀行間取引市場が始まる前に，各マーケットメイカーが前日から当日にかけての通貨バスケットの変動に基づき，人民元の対通貨バスケットの安定を保つために必要となる人民元の対ドルレートの調整幅を計算し，それを前日の終値に上乗せ，当日の中間レートを見積もる。各マーケットメイカーは，CFETS 人民元レート指数，国際決済銀行（BIS）の人民元実効為替レート，そして通貨単位としての国際通貨基金（IMF）の特別引出権（SDR）という三つの通貨バスケットを参照しながら，それぞれの判断を下したため，見積もりが異なる。CFETS は，マーケットメイカーが送ってきた見積もりから，最高値と最低値を除いてから，その平均値を当日の中間レートとして，9 時 15 分に発表する。

　数字例に沿って説明すると，前日の人民元の対ドル中間レート基準値を6.5000 元，前日の終値を 6.4950 元，当日の通貨バスケットレート（例えば，CFETS 人民元レート指数）を前日の水準に維持するために人民元の対ドルレートを 100 ベーシスポイント（bp, 1bp=0.0001 元）の切り上げが必要である場合，マーケットメイカーの中間レートの見積もりは 6.4850 元となり，前日

1　中国人民銀行，「中国貨幣（金融）政策執行報告」2016 年第 1 四半期，2016 年 5 月 6 日。

図表 4-1　「前日終値＋通貨バスケット調整」方式に基づく中間レートの決め方

(注) 市場レートは，当日の中間レートの上下 2％の限度を超えてはいけない。
(出所) 中国人民銀行，「中国貨幣（金融）政策執行報告」2016 年第 1 四半期，2016 年 5 月
　　　6 日より作成。

の中間レートより 150bp 高くなる。その内，50bp は市場の需給の変化を，100bp は通貨バスケットの変動に応じた調整を反映する（図表 4-1）。このように，人民元の中間レートの変動は，通貨バスケットの変動と市場実勢を両方反映することができる，という。

2．通貨バスケット方式とは

　中間レートの重要な決定要因となった「通貨バスケット調整」のメカニズムは，「通貨バスケット制」（またはバスケットペッグ制）と類似している。「通貨バスケット」は，複数の通貨によって構成され，それに占める各構成通貨のウェイトが合わせて 100％になるようにあらかじめ決められている。その典型例として，中国当局が人民元の中間レートを決める際に参考している CFETS人民元レート指数，BIS の人民元の実効為替レート，そして SDR が挙げられる（図表 4-2）。通貨バスケット制を採用する国では，当局は自国通貨の特定の通貨バスケットに対する価値（通貨バスケットレート）を一定の水準に維持するために，バスケットを構成する各通貨の対ドル変動率とウェイトに合わせて，自国通貨の対ドルレートを調整する（第 1 章図表 1-4 参照）。

図表 4-2　中国当局が参考する三つの通貨バスケットの構成（単位：％）

	CFETS 人民元レート指数	BIS 人民元実効為替レート	SDR[注1]	参考：CFETS人民元レート指数の修正版[注2]
ドル	26.40	17.76	41.90	55.84
ユーロ	21.39	18.67	37.40	12.83
日本円	14.68	14.13	9.40	8.81
英ポンド	3.86	2.91	11.30	2.32
香港ドル	6.55	0.81	－	3.93
豪ドル	6.27	1.47	－	3.76
ニュージーランド・ドル	0.65	0.21	－	0.39
シンガポール・ドル	3.82	2.74	－	2.29
スイス・フラン	1.51	1.37	－	0.91
カナダ・ドル	2.53	2.12	－	1.52
マレーシア・リンギ	4.67	2.15	－	2.80
ロシア・ルーブル	4.36	1.76	－	2.62
タイ・バーツ	3.33	2.15	－	2.00
韓国ウォン	－	8.47	－	－
台湾ドル	－	5.60	－	－
その他	－	17.68	－	－
計	100	100	100	100

（注 1）中国の人民元は 2016 年 10 月に SDR の構成通貨に加わることになっているが，ここ
　　　　での数字は前回（2010 年）の調整を反映したウェイトを示している。
（注 2）当局によって実際参考されている通貨バスケットの構成は，CFETS 人民元レート指
　　　　数の修正版に近いと思われる。
（出所）CFETS，BIS，IMF より作成。

3．「前日終値＋通貨バスケット調整」方式の実態

　「前日終値＋通貨バスケット調整」方式の実態を解明するために，ここでは，
人民元の切り下げが実施された 2015 年 8 月 11 日以降の期間を対象に，次の二
つ仮説に基づいて，中間レートの決定要因を分析する。

　　（仮説一）「前日終値」方式：
　　　当日の中間レート＝前日の終値……………………………………式①

（仮説二）「前日終値＋通貨バスケット調整」方式：

　当日の中間レート＝前日の終値＋通貨バスケットの変動に応じた調整幅

　⇒当日の中間レート−前日の終値＝通貨バスケットの変動に応じた調整幅

　　　　　　　　　　　　　　　　‥‥‥‥‥‥‥‥‥‥‥‥‥‥‥‥‥‥式②

　式①と式②において，左側は実績値，右側は仮説に沿って算出される理論値（シミュレーションの結果）に当たる。両者の差（実績値の理論値からの乖離）は，それぞれの仮説により説明されない誤差となり，その絶対値が小さいほど，仮説の説明力が高いことになる（図表4-3，4-4）。

　仮説二を検証するに当たり，当局が最も重視すると思われるCFETS人民元レート指数をベースに，先に述べた当局の説明に従って，バスケットを構成する通貨の対ドルレートの変動に応じた調整幅の理論値を算出した[2]。その際，

図表 4-3　「前日終値」方式の検証

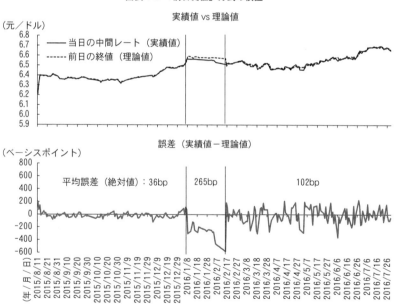

（出所）CFETS（当日の中間レート），*Bloomberg*（前日の終値）より作成。

2　当局の発表では，複数のマーケットメイカーがそれぞれ自らの判断で中間レートを見積もることになっているが，ここでは，単純化のために，マーケットメイカーが当局またはその代理人であると捉えた。

図表4-4　「前日終値＋通貨バスケット調整」方式の検証

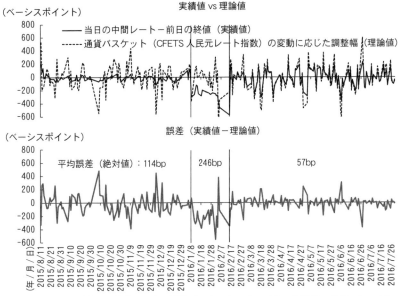

（出所）CFETS（当日の中間レート，通貨バスケットのウェイト，各通貨の対ドルレート），
　　　Bloomberg（前日の終値）より作成。

構成通貨の対ドルレートとその前日比の変化（中国市場で取引終了後の海外市場での変化を含む）は，CFETSが毎朝発表する人民元の対各通貨の中間レートに基づいて計算した[3]。なお，以上の説明では，為替の変化を，「変化率」（％）で表したが，ここでは，当局の説明に合わせるために，「変化幅」（bp）に換算した。

　分析の対象となる時期は，両仮説の誤差の変化から判断して，次の三つのサブ期間に分けることができる。

　まず，2015年8月11日から2016年1月7日の第1期においては，「前日終値＋通貨バスケット調整」方式よりも「前日終値」方式のほうが誤差（絶対値）が小さく，説明力は高い。このことは，中間レートの決定に当たり，主に前日の終値が参考となり，通貨バスケットの変動があまり考慮されていないこ

3　CFETSの構成通貨であるタイ・バーツのレートはそれには含まれていないため，計算する際に考慮していない。

とを示している。

　次に，2016 年 1 月 8 日から 2016 年 2 月 15 日までの第 2 期では，「前日終値」方式と「前日終値＋通貨バスケット調整」方式のいずれも誤差（絶対値）が大きく，仮説としての説明力が低い。この期間において，人民元の中間レートは一貫して前日の終値より元高の方向で決められた（平均，265bp の元高）。これは，高まる人民元の切り下げ期待を抑えるために当局がとった緊急対応策であると見られる。

　そして，2016 年 2 月 16 日から 2016 年 7 月 29 日までの第 3 期では，第 1 期とは逆に，「前日終値」方式よりも「前日終値＋通貨バスケット調整」方式のほうが誤差（絶対値）が小さく，説明力は高い。このように，第 3 期において，「前日終値＋通貨バスケット調整」方式は定着していると言える。しかし，誤差は完全になくなったわけではない。その上，図表 4-4 から読み取れるように，「当日の中間レート－前日の終値」（実績値）は，「通貨バスケットの変動に応じた調整幅」（理論値）と強く相関しているが，前者は後者より小さいという傾向が見られる。実際，式② に沿って，「当日の中間レート－前日の終値」を被説明変数，「通貨バスケットの変動に応じた調整幅」を説明変数として回帰分析してみると，

　　「当日の中間レート－前日の終値」
　　　　＝－6.01　　＋　　0.60×「通貨バスケットの変動に応じた調整幅」
　　　　（－1.81）　　　（35.62）
　　　　（　）内は t 値　R̄²=0.92
　　　　推計期間：2016 年 2 月 16 日-2016 年 7 月 29 日

という結果が得られた。0.60 という回帰係数が示しているように，「通貨バスケットの変動に応じた調整幅」（理論値）の 1bp の上昇に対して，「当日の中間レート－前日の終値」（実績値）の上昇は 0.6bp にとどまっている。この推計結果から推測すると，中間レートを決定する際に実際参考されていると思われる通貨バスケットにおいて，ドル以外の各通貨のウェイトは試算のベースとしている CFETS 人民元レート指数に占める同ウェイトの 6 割程度しかなく，逆に，ドルのウェイトは CFETS 人民元レート指数に占める同ウェイトより遙

かに高いことになる（仮説三）。

　仮説三を検証するために，まず，各通貨のウェイトを，「ドル以外の通貨に関してはそれぞれCFETS人民元レート指数のウェイトの0.6倍にし，これによって減らされるウェイトをドルに上乗せる」という形で修正した。これによって得られたCFETS人民元レート指数の修正版における通貨構成は，修正前と比べて，ドル以外の通貨のウェイトが73.60％から44.16％に低下する一方で，ドルのウェイトが逆に26.40％から55.84％に上昇している（図表4-2参照）。この修正版をベースに，「通貨バスケットの変動に応じた調整幅」（理論値）を新たに試算した。それによって得られた理論値と実績値（「当日の中間レート－前日の終値」）との間の誤差（絶対値）が，特に第3期において，他の二つの仮説より小さく，その分だけ仮説の説明力は高いと言える（図表4-5）。

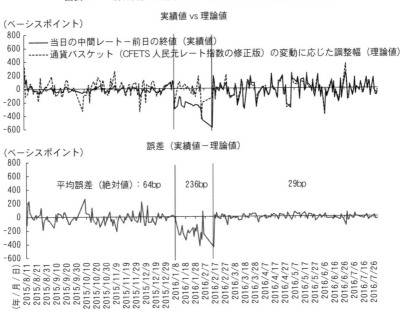

図表4-5　「前日終値＋通貨バスケット調整」方式（修正版）の検証

（注）CFETSバスケットの修正版における各通貨のウェイトは筆者による試算。
（出所）CFETS（当日の中間レート，通貨バスケットのウェイト，各通貨の対ドルレート），
　　　　Bloomberg（前日の終値）より作成。

4．未完の「為替制度改革」

　中国は2005年以降，人民元レートの柔軟化を目指す「為替制度改革」を進めてきたが，その歩調は極めて遅いと言わざるを得ない。2016年2月中旬以降，「前日終値＋通貨バスケット調整」方式が実施されることで，人民元の中間レート，ひいては市場レートは，市場の需給と主要通貨間の為替レートの変動をある程度反映し，均衡レートからの乖離が抑えられるようになった。

　しかし，それでも，何らかのショックにより人民元が強い上昇または下落の圧力に晒される場合，市場レートを中間レートの上下2％という制限幅に抑え込むために，当局による外為市場への介入が必要である。それに伴って，外貨準備とともにマネーサプライも変動する（ドル買い・人民元売りの場合はマネーサプライが拡大し，ドル売り・人民元買いの場合はマネーサプライが減少する）ため，金融政策の独立性は依然として制約されている。

　市場介入とマネーサプライの間のリンクを断ち切り，ひいては金融政策の独立性を高めるために，中国は，最終的には，当局が中間レートの発表を止め，原則として市場介入を行なわない「完全変動相場制」に移行しなければならない。人民元レートの柔軟性を高めた「前日終値＋通貨バスケット調整」方式の実施は，それに向けた一歩であると言える。

第 5 章

対米人民元摩擦

　中国のインフレ率や国際収支，通貨バスケットの構成通貨の動きに加え，米中貿易摩擦も人民元の対ドルレートを左右する要因となっている。人民元の切り上げは，対米摩擦を緩和するために一定の効果があったが，リーマン・ショック後に人民元が一時的にドルペッグ制へ復帰した時や，2015 年 8 月以降の元安局面において，米国からの切り上げ圧力は高まった。

1．再燃する人民元を巡る米中摩擦

経済産業研究所　中国経済新論：世界の中の中国，2009 年 4 月 3 日。

1.1　発端となった米国の新旧財務長官の中国批判

　2005 年 7 月に中国が事実上のドルペッグ制から「管理変動相場制」に移行してから，米中間の人民元を巡る摩擦は一旦沈静化したが，オバマ政権の誕生と米国における金融危機の深刻化を受けて，再燃の兆しを見せ始めている。その発端は，米国の高官による相次ぐ対中批判であった。

　まず，2009 年 1 月 1 日付の英紙「フィナンシャル・タイムズ」のインタビューにおいて，まもなく任期を終えるポールソン・米財務長官が，2008 年以来の世界的金融危機の原因の一つは，中国など新興国の高い貯蓄率が世界経済の不均衡を呼び，米国にあふれた資金が米国の投資者に高いリスクの資産を買わせることにつながったことにあるとの見方を示した[1]。これより 1 週間ほど前，米紙「ニューヨーク・タイムズ」[2]には，「米国のバブルをふくらませ

1　Guha, Krishna, "Paulson Says Crisis Sown by Imbalance," *Financial Times*, January 1, 2009.

た中国の貯蓄」と題した記事が発表された。この記事によると，バーナンキ・米連邦準備制度理事会（FRB）議長はプリンストン大学の教授だった頃，「米国の債務問題は米国人の消費過剰のためではなく，外国人の貯蓄過剰のためだ」と主張していた。そして，この「外国人」の代表格は中国人だという。

　また，オバマ米大統領が財務長官に指名したガイトナー・ニューヨーク連邦準備銀行総裁は2009年1月22日に，「大統領は中国が自国通貨を操作していると信じている」と述べた上，「オバマ大統領は中国の為替慣行を変えるため，あらゆる外交手段を積極的に活用することを約束した」と指摘した[3]。

　その後，ポールソン氏は「『フィナンシャル・タイムズ』のインタビュー記事は，私の話が誤解されたものである」という主旨の声明を発表し，ガイトナー氏も，「米政権として中国が『為替操作国』かどうかの最終判断を下していない」と火消しに躍起になったが，中国側の怒りは収まらない。

1.2　温家宝総理による反論

　米国による中国へのこの一連の批判に対して，中国側は官民を挙げて反論しているが，その主旨は，温家宝総理の「フィナンシャル・タイムズ」の単独インタビュー[4]における関連発言によって要約される。

　まず，温家宝総理は，「中国が人民元レートを操作していると言うのは，まったく根拠のないことである」と一蹴した。具体的に，中国は2005年下半期に人民元為替レート決定メカニズムの改革を開始し，3年余りで人民元レートは対ドルで21%，対ユーロで12%上昇した。中国が実行しているのは，市場の需給を基礎としながら，通貨バスケットを参照し，管理された変動相場制である。このような制度は，中国の現実・国情・ニーズに見合ったものである。また，人民元の合理的な均衡水準での基本的な安定を維持することは，中

2　Landler, Mark, "Chinese Helped Inflate American Bubble," *New York Times*, December 26, 2008.

3　ガイトナー財務長官による，人事を承認する上院財政委員会の質問に対する書簡での回答，2009年1月22日。

4　Barbor, Lionel, Geoff Dyer, James Kynge and Lifen Zhang, "Interview: Message from Wen," *Financial Times*, February 1, 2009.

国にとって有利であるのみならず，世界が金融危機を克服することにとっても
有利である。多くの人は意識していないが，もし人民元レートが乱高下すれ
ば，世界経済にとっても災難となるだろう，という。

　また，温家宝総理は，2008年に始まった世界的金融危機の原因の一つが，
増え続ける中国の外貨準備に象徴される世界経済の不均衡にあるという観点に
ついても，誤りだと指摘している。具体的に，この金融危機の引き金は，ある
経済体自身が，主として長期の双子の赤字と借金に頼って高消費を維持すると
いう，深刻な不均衡に陥ったことにある。一部の金融機関に対しては，長期に
有効な監督管理を行わなかったため，彼らは高いレバレッジをかけて投資し，
巨額な利潤を獲得したが，一旦バブルが崩壊すると，世界はその災難に晒され
ることになった。借金に頼って過度な消費をしている者が，彼に金を貸してい
る人を逆になじるというのは，是非を顛倒しているのではないか，という。名
指しこそ避けたが，「ある経済体」や「借金に頼って過度な消費をしている者」
は，明らかに「米国」のことを指している。

　さらに，その後，2009年3月に開催された全国人民代表大会終了後の記者
会見において，温家宝総理は，「米国債に対する懸念があるのでは」という
「ウォールストリート・ジャーナル」の記者の質問に対し，「我々は巨額の資金
を米国に貸したのだから，我々の資金が安全かどうか気になるのは当然だ。本
音を明かすと，確かに少し懸念がある。だから，あなたを通して，米国に信頼
を保持し，約束を守り，中国の資金の安全を確保するよう重ねて言明しておき
たい。」と答え，中国こそ被害者であることをアピールした。

1.3　妥協点となる人民元の対ドル安定維持

　温家宝総理が，このように中国の立場を海外向けに丁寧に説明するのは，単
に中国にかけられた「冤罪」を晴らしたいだけでなく，米国発の人民元切り上
げ圧力を抑え，中国製品をターゲットとする保護主義の動きを牽制するという
意図もある。

　しかし，このような反論は理屈上正しいものであっても，中国が為替政策を
策定する際に，米国の意向を完全に無視するわけにはいかない。なぜなら，米

財務省は毎年 2 回ずつ，「為替政策報告書」を発表し，貿易相手国の為替政策を評価しているが，この報告書において中国が「為替操作国」として認定された場合，米財務省は中国に対して報復を含めた何らかの対応策を講じることになっているからである。

　米国は人民元のさらなる切り上げを望んでいるが，それが無理であるなら，せめて人民元の切り下げを阻止したいと考えている。一方，中国では，景気が減速し，輸出が伸び悩む中で，当局は人民元を切り下げて輸出を増やそうという誘惑に晒されているが，無理であるなら，せめて切り上げを回避したいと考えている。このように，人民元の対ドル安定（切り上げも切り下げもしないこと）は，双方にとって，受け入れられる妥協点であると見られる。1997–1998 年のアジア通貨・金融危機の時と同じように，今回も，世界的金融危機が落ちつくまで，中国は人民元の安定維持に努めると見られ，人民元は，現在の 1 ドルに対して 6.8 から 6.9 元の間というレートから大きく乖離することはないだろう。このような期待を反映して，2008 年の春に 10％を超えた人民元の先物レート（NDF，1 年物）の現物レートに対するプレミアムは，ほぼ解消されるようになった（図表 5-1）。

　周小川・中国人民銀行総裁も，今後の為替政策について，「現在の人民元レートは，合理的で均衡の取れた水準で基本的に安定性を保っており，大きく変動させるべきではない。現在，政策を考える際に重要な要素は世界的金融危機である。特殊な時期には政策も一般の状況下と違ったものになる。今後も，中国人民銀行は市場の需給をベースに，通貨バスケットを参考しながら，「管理変動相場制」を改善すると同時に，主体性，制御可能性，漸進性といった原則に沿って，人民元レートを合理的で均衡の取れた水準で基本的に安定させることに努める。」と述べている[5]。

　オバマ政権になってからの最初の「為替政策報告書」が 2009 年 4 月に発表される予定である。米国は中国のスタンスを容認する形で，中国を「為替操作国」として認定することを控えるものと予想される。

5　李靖，「人民元レートの安定維持は金融危機への対応には有利」，『金融時報』，2009 年 2 月 6 日付。

図表 5-1　人民元の対ドルレート―現物 vs 先物（NDF）―

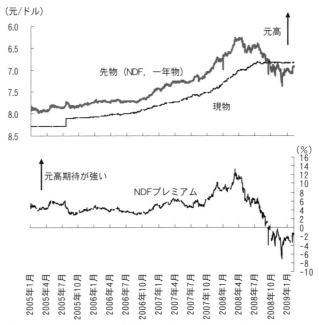

（注）人民元の現物レートは市場介入など，中国当局の政策の影響を直接受けるが，海外で取り引きされている先物（NDF）レートはより市場の需給関係を反映している。

（出所）*Bloomberg*，国家外為管理局より作成。

2．元安の進行で懸念される資本流出の加速と対米貿易摩擦の激化

経済産業研究所　中国経済新論：実事求是，2017 年 1 月 10 日より抜粋。

　人民元の対ドルレートは，2015 年 8 月 11 日から 3 日間連続して計 4.4％の切り下げが実施されてから，低下傾向を辿っている。切り下げ前の水準と比べて，人民元はドルに対して既に 12％ほど安くなっている。元安のきっかけは，中国からの資本流出だが，それに加え，2016 年 11 月 8 日に行われた米国の大統領選挙において「強いアメリカを取り戻そう」というスローガンを掲げた共

和党のトランプ候補の勝利と，同年12月14日の米国連邦公開市場委員会（FOMC）による1年ぶりの利上げの決定も，それに拍車をかけている。当局は，為替レートを安定させるために，ドル売り・人民元買いという形での市場介入を行っており，これを反映して，中国の外貨準備は急減している（図表5-2）。

もっとも，米国の大統領選挙以降，ドルが独歩高の様相を呈しており，人民元だけでなく，他の多くの通貨もドルに対して下落している（図表5-3）。中でも円の下落幅は大きい。しかし，円安は輸出の拡大などを通じて日本の景気を回復させる要因として歓迎されているのに対して，元安は中国経済の脆弱さの表れであると見なされ，経済を不安定化させる要因として懸念されている。それぞれに対する市場の反応が異なっているのはなぜだろうか。

一般的に，外貨（特にドル）建て債務の多い発展途上国の場合，自国通貨の

図表 5-2 元安の進行とともに急減する中国の外貨準備

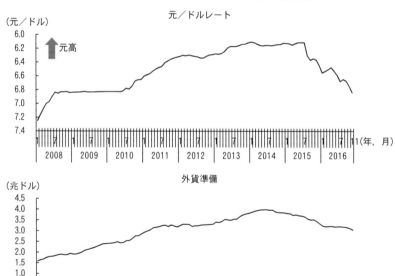

（出所）国家外為管理局より作成。

図表 5-3   米国大統領選挙以降の米ドル指数と主要通貨の対ドルレートの変化
—2016年12月30日と11月7日との比較—

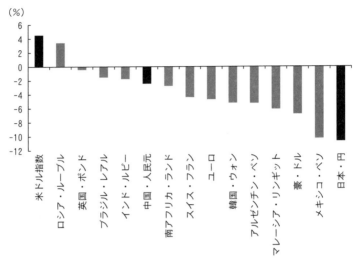

(注) 米ドル指数は米国連邦準備制度理事会（FRB）による。
(出所) *Bloomberg* より作成。

（対ドル）急落は，（自国通貨で見た）対外債務返済負担の増大をもたらし，ひ
いては金融危機を招きかねない。アジア通貨・金融危機当時のタイやインドネ
シアがその典型である。しかし，中国は日本と同様に純債権国であり，3兆ド
ルを超える準備資産（そのほとんどは外貨準備）を持っている。その上，対外
負債の大部分は（返済義務が生じない）外国企業による直接投資となっている
ことから元安が金融危機を誘発する可能性は小さいと思われる。むしろ，元安
によって，中国の輸出競争力が改善されるだろう。現に，2016年11月の中国
の輸出額（ドルベース）は，前年比0.1％増と，8ヵ月振りに前年の水準を上
回った。

　心配すべきは，元安そのものよりも，元安と資本流出の悪循環である。長い
間，中国は，経常収支と共に，資本収支も黒字だったことを反映して，外貨準
備が増え続けた。しかし，資本流出の加速を受けて，2014年以降，資本収支
が赤字基調に転じたことに続き，2015年以降，外貨準備も減り続けている（図
表5-4）。資本流出は，人民元の下落とともに，元安がさらに進むという期待

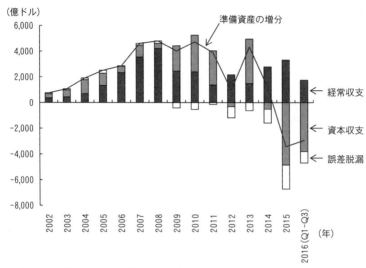

図表 5-4　中国における国際収支の推移

（注 1）準備資産の増分 = 経常収支 + 資本収支 + 誤差脱漏。
（注 2）準備資産のほとんどは外貨準備である。
（注 3）2016 年 Q3 の資本収支には誤差脱漏が含まれている。
（出所）国家外為管理局「国際収支バランス表」より作成。

　を招いている一方で，元安の期待は一層の資本流出を誘発している。多くの市場関係者は，人民元は下がることがあっても上がることがないだろうと思うようになり，人民元売りを行っているのである。

　元安が進む中で，トランプ次期米大統領は，これが中国政府による意図的誘導によるものであると批判し，中国を「為替操作国」として認定すると明言している。それが実行されれば，米中貿易摩擦が激化するだろう。

　中国当局は，長い間，ドル買い・人民元売り介入を通じて人民元の上昇を抑えようとしたが，2014 年年央を境目に，人民元の上昇圧力が下落圧力に変わったことを受けて，ドル売り・人民元買い介入を通じて元安に歯止めをかけようという政策に転換した。これは，中国製品の国際競争力を高めるための元安誘導というトランプ氏の指摘とは根本的に異なっているが，一種の「為替操作」であると言えなくもない。

　元安と資本流出の間の悪循環を打破し，米国との貿易摩擦を回避すること

は，中国にとって，重要な政策課題となってきた。これらの問題を解決するために，人民元の「完全変動相場制」への移行が求められる。当局が市場に介入せず，人民元レートの決定を市場の需給に委ねれば，「元安」と「元高」の期待が常に拮抗し，相場見通しが強気一色または弱気一色になることも，中国が為替操作を行っていると批判されることも避けられる。このように，人民元の「完全変動相場制」への移行は，中国にとってまさに一石二鳥の対策である。

3．人民元問題を巡る米中の攻防：
急がれる「完全変動相場制」への移行

経済産業研究所　中国経済新論：世界の中の中国，2017 年 7 月 10 日より抜粋。

　米国の大統領選挙戦中に，ドナルド・トランプ候補は，中国が人民元の対ドルレートを不当に低水準に抑えているとして，中国を「為替操作国」として認定し，対抗措置として中国からの輸入品に 45％もの関税をかけるという政策綱領を掲げた。その後のトランプ政権の誕生により，人民元問題を中心に米中間の貿易摩擦の激化が懸念されている。中国は，米国の圧力をかわすために，原則として外為市場に介入しない人民元の「完全変動相場制」への移行を急がなければならない。

3.1　攻める米国

　新政権下の米国の人民元問題に関するスタンスは，2017 年 4 月 14 日に発表された，トランプ大統領が就任してから初となる米財務省の 2017 年上半期の「為替政策報告書」からうかがうことができる。その中で，中国は「為替操作国」の認定を免れたが，前々回（2016 年 4 月）と前回（同年 10 月）に続き，「監視リスト」に入ったままである。

　米国は，「1988 年包括通商競争力法」に基づき，主要貿易国に対し，半年毎に，国際経済と為替政策の評価を行い，対米通商を有利にすることを目的に市場介入を行い，為替レートを不当に操作している国に対して議会が「為替操作

国」と認定する。米国政府は「為替操作国」に認定された国と協議を行い，その是正を求めなければならない。

　2016 年 2 月に成立した「2015 年貿易円滑化及び権利行使に関する法律」は，
①巨額の対米貿易黒字，
②大幅な経常収支黒字，
③外為市場での持続的かつ一方的な介入，
という三項目からなる「為替操作国」の認定基準を定めている。

　これを受けて，同年 4 月 29 日に米財務省が発表した「為替政策報告書」では，初めてこの三項目を，
①対米貿易黒字（財のみ，サービスを含まない）が 200 億ドル以上，
②経常収支黒字の対 GDP 比が 3％以上，
③外為市場での持続的かつ一方的な介入が繰り返し実施され，過去 12 ヵ月間の介入総額が GDP の 2％以上，
と定量化した。

　米国政府は，この三項目すべてに該当する国を「為替操作国」として認定し，交渉を通じて是正を促す。1 年経っても改善が見られない場合には，米国の海外民間投資公社による新規融資などの禁止，連邦政府の当該国からの財・サービスの調達・契約締結の禁止といった制裁ができるとしている。

　この三項目の中の二項目に該当する国は，「監視リスト」に入り，監視を強める対象として指定される。「監視リスト」が初めて公表された 2016 年 4 月の「為替政策報告書」では，中国，ドイツ，日本，韓国，台湾の 5 ヵ国・地域が対象となり，同年 10 月の「為替政策報告書」では，スイスも加わった。監視対象と指定された国・地域は，このリストから外されるために，2 期連続で二項目に該当しない」という条件を満たさなければならない。

　中国は，2016 年 4 月には，① 対米貿易黒字が 200 億ドル以上と，② 経常収支黒字の対 GDP 比が 3％以上という二項目に該当したため，「監視リスト」に入り，同年 10 月には，① 対米貿易黒字が 200 億ドル以上という一項目しか該当しなくなったが，「2 期連続で二項目に該当しない」という条件をまだ満たしていなかったため，「監視リスト」から外されることが見送られたのである。

　2017 年 4 月の「為替政策報告書」では，新たに「米国の貿易赤字に占める

巨大かつ不相応のシェアを有する国」であれば，これまでの認定基準となる三
項目の中の二項目に該当しなくても，「監視リスト」の対象となるという「四
つ目の項目」が設けられた。これは明らかに，中国をターゲットとするもので
ある。これまでの三項目からなる基準に従えば，中国は，2016 年 10 月に続き，
2017 年 4 月も一項目しか該当せず，「2 期連続で二項目に該当しない」という
条件を満たしており，本来，「監視リスト」から外されるはずだった。しかし，
新たに加えられた「四つ目の項目」に該当すると判定されたため，日本，ドイ
ツ，韓国，スイス，台湾と共に「監視リスト」にとどまることとなったのであ
る（図表 5-5）。

　人民元を巡る中国経済の現状と政府の対応について，2017 年 4 月の「為替
政策報告書」は，経常収支黒字が縮小していることと，過去 3 年間に中国が人
民元の下落を阻止するために外貨準備を使って人民元を買い支えてきたことを
評価しながらも，次の問題点を指摘している。

図表 5-5　「為替操作国」の認定基準
―「監視リスト」入りした対象国・地域の該当状況（2017 年上半期）―

	対米財貿易赤字（億ドル）	経常収支（対 GDP 比，%）	外為市場への介入	
			純外貨購入額（対 GDP 比，%）	持続的かつ一方的介入
為替操作国の認定基準	200 億ドル以上	3%以上	2%以上	過去 12 ヶ月のうち 8 ヶ月
中国	3,470	1.8	-3.9	×
日本	689	3.8	0.0	×
ドイツ	649	8.3	－	×
韓国	277	7.0	-0.5	×
スイス	137	10.7	10.0	○
台湾	133	13.4	1.8	○

（注 1）計数は直近の 4 四半期を対象とし，網掛け部分は基準を超えた項目を示す。
（注 2）中国と台湾はそれぞれ一項目しか該当していないが，中国は「米国の貿易赤字に占
める巨大かつ不相応のシェアを有する国」と判定され，台湾は「2 期連続で二項目に該
当しない」という条件をまだ満たしていないため，「監視リスト」から外されることが
見送られた。
（出所）U.S. Department of the Treasury, Office of International Affairs, "Foreign
Exchange Policies of Major Trading Partners of the United States," April 14, 2017 よ
り作成。

　まず，中国は巨額かつ持続的な対米貿易黒字を抱えており，2016 年には 3,470 億ドルに達している（米国側の統計による）。これは他の国と比べて遙かに大きく，ピークだった 2015 年と比べて 5％程度しか減っていない（図表 5-6）。

　また，中国は，財とサービスの輸入に対して多くの障壁を設けている。その上，外資による投資も制限しており，これにより，外国の投資家が不利益を被っている。

　さらに，中国は持続的で巨額，かつ一方的な市場介入を行った長い歴史があり，ほぼ 10 年間にわたって人民元の上昇を抑え続けていた。それゆえに，元々大幅に過小評価された為替レートが是正されるには長い時間がかかってしまった。これによってもたらされた世界通商システムの歪みは，米国の労働者や企業に重大かつ長期にわたる困難を強いていた，という。

　これらの問題の解決に向けて，「為替政策報告書」は中国に対して，① 為替レートの切り下げを，競争力を維持する手段として使わず，特に人民元が再び上昇圧力に晒される時には元売り介入をせず，元高を容認する，② 為替政策と外貨準備の運用における操作と目標の透明性を高める，③ 消費拡大を目指し，米国の商品とサービスに対してさらなる市場開放を実施することを求めている。

図表 5-6　米国の相手国別財貿易収支の推移

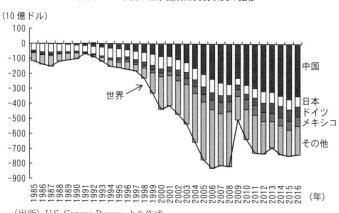

（出所）U.S. Census Bureau より作成。

3.2　守る中国

　圧力を緩めない米国に対して，中国政府は，① 人民元レートの市場化改革が進んでいる，② 人民元はもはや過小評価されていない，③ 当局による外為市場への介入は，市場の安定化のために必要なもので，競争力の向上を目指した為替レート操作に当たらないと反論している[6]。

　まず，中国は 2005 年 7 月に「為替制度改革」を行ってから，市場の需給に基づき，通貨バスケットを参考しながらレートを決定する「管理変動相場制」に移行した。これを受けて，人民元は大幅に上昇した。2013 年 11 月の中国共産党第 18 期中央委員会第三回全体会議（三中全会）で採択された「改革の全面的深化における若干の重大な問題に関する中共中央の決定」は，市場化した人民元為替レート決定メカニズムの整備，金利の自由化の加速，人民元の資本勘定における交換性の早期実現（資本取引の自由化）を政策目標として明記している。2015 年以降，中国人民銀行は市場の需給に基づき，通貨バスケットを参考にしながら為替レートを調整するメカニズムをさらに強化した。具体的に，2015 年 8 月 11 日に，人民元の対ドル中間レートの決定メカニズムを一層改善し，市場需給の役割を強調した。同年 12 月 11 日に，人民元の対通貨バスケットの安定を保つよう，人民元指数を発表し，通貨バスケットを参考する度合いを高めた。現在，当局が発表し，取引のベンチマークとなる人民元の対ドル中間レートは，「前日終値＋通貨バスケット調整」方式に基づいて設定されている。

　次に，人民元はもはや過小評価されていない。2005 年 7 月から 2016 年 12 月まで，人民元の実質実効為替レートが 47％も上昇した。対ドルで見ると，「為替制度改革」が行われる前の 2005 年 7 月に，1 ドルは 8.28 元だったが，2014 年 1 月に 6.09 元になり，35.84％の元高となった。ここ 2 年，FRB の利上げの影響で，ドル高が進み，市場需給の変化を反映して，元安になっているが，急激な元安は見られなかった。しかも，ドル高を背景に，世界の主要通貨

6　中国商務部，「中米経済貿易関係に関する研究報告書」，2017 年 5 月 25 日。

の対ドルレートは軒並み安くなっており，人民元の下落幅はむしろ小さいほう
だった。国際決済銀行（BIS）が計算した 2017 年 2 月末の人民元の実質実効
為替レートと名目実効為替レートは，2014 年上半期末と比べてそれぞれ 7.48％
と 5.72％上昇した。2005 年に「為替制度改革」が始まってから，人民元の対
ドルレートは約 20％上がった（図表 5-7）。全体から見れば，人民元レートは
上昇傾向を辿っており，中国の国際収支も均衡に向かっている。2016 年に中
国における経常収支の対 GDP 比は 1.9％と，国際的に公認される許容範囲内
に収まっている。

　国際通貨基金（IMF）は，現在の人民元レートが中国経済のファンダメンタ
ルズに合っており，人民元はもはや「過小評価されなくなった」と判断してい
る。米国の「為替操作国」の認定基準に照らしても，中国が該当しているのは
「対米貿易黒字が 200 億ドル以上」の一項目だけである。それゆえに，米財務
省は 2017 年上半期の「為替政策報告書」において，中国が為替レート操作を
行っていないという認識を示している。

　さらに，中国の中央銀行による外為市場への介入は，為替レート操作に当た
らない。2015 年以降，国際金融市場の変動，特に FRB の利上げによる影響
で，中国は資本の流出と元安に直面するようになった。これらに対し，中国は

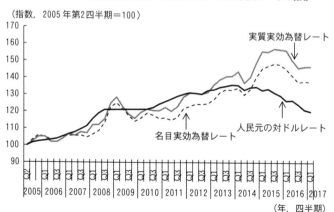

図表 5-7　「管理変動相場制」に移行してからの人民元レートの推移

（指数，2005 年第 2 四半期＝100）

（出所）名目実効為替レートと実質実効為替レートは BIS，人民元の対ドル
　　　　レートは国家外為管理局より作成。

市場化した人民元為替レート決定メカニズムの整備を通じて，人民元の柔軟性を高める対策をとっていた。人民元レートのオーバーシューティングや激しい短期的変動を防ぐために，中央銀行は必要に応じて，市場にドルを提供した。しかし，その目的は国際収支の効果的調整を妨害することでも，輸出を刺激することでも，人民元レートの絶対的水準を制御し市場要因に基づく正常な為替調整を妨げることでもない。実際には，中国は為替介入を通じて金融市場を安定させたが，競争優位性を得ることなく，かえって大量な外貨準備を使ってしまった。中国が為替レートの柔軟性と安定性のバランスを保つ努力をしたおかげで，人民元レートの無秩序な調整によるマイナスの波及効果や主要通貨の間の競争的な切り下げは避けられた。このことは，米国を含めた国際社会にとって有利である。

　中国は為替レートの競争的な切り下げには参加しない。人民元の対通貨バスケットの安定を確保すると同時に，人民元の対ドルレートの上下双方向変動の柔軟性を高めていく。これは中国だけではなく，世界にも有利である。中国経済のファンダメンタルズは良好で，元安が長期にわたって進む素地がない。人民元は不安定期を経て，徐々に新たな均衡点に達するだろう，という。

　確かに中国側が主張しているように2005年に「管理変動相場制」へ移行してから，為替レートの柔軟化と市場化がある程度進んでいるが，そのペースは極めて遅いと言わざるを得ない。現行の「管理変動相場制」において，人民元レートは，「変動」よりも，当局によって「管理」されている側面が強く，このことは，米国側の不満を招いている。しかし，人民元改革の最終目標が，原則として当局が外為市場への介入をせず，為替レートの決定を市場に委ねるという「完全変動相場制」への移行である点について，米中双方の意見はむしろ一致している。資本移動の活発化など，人民元を巡る最近の環境変化を踏まえれば，その早期実現は，米国のためだけではなく，中国自身のためでもある。

4.「為替操作国」に認定された中国：
　注目される人民元の行方

経済産業研究所　中国経済新論：実事求是，2019 年 8 月 22 日を一部調整。

　2018 年 3 月以降に米中の間で繰り広げられている貿易戦争は，紆余曲折を経て，2019 年 6 月 29 日の G20 大阪サミットに合わせて開催された米中首脳会談において，「休戦合意」が一旦成立した。しかし，8 月 1 日にトランプ米大統領が新たに 3,000 億ドルに上る中国製品を対象に 10％の追加関税を 9 月 1 日に実施すると発表したことを受けて，中国が米農産物の購入を一時停止するという対抗措置を講じ，貿易戦争は再燃した。こうした中で，外為市場では，人民元の対ドルレートは 8 月 5 日に 1 ドル＝7 元の大台に乗り，2008 年 5 月以来の安値となった。これに対して，米国が同日に中国を「為替操作国」と認定し，米中貿易戦争は為替戦争の様相を呈している。

4.1　米国の狙い

　2019 年 8 月 5 日に，米財務省は，「1988 年包括通商競争力法」の第 3004 条に基づき，各国が国際収支の効果的な調整を阻んだり，国際貿易における不公平な競争上の優位を得たりすることを目的に，自国通貨とドルとの為替レートを操作しているかどうかを検討し，トランプ米大統領の後押しの下で，ムニューシン財務長官が中国を「為替操作国」として認定すると発表した[7]（以下では「米財務省の声明」）。米財務省による「為替操作国」の認定は，1994 年に中国が認定されて以来のことで，25 年ぶりとなる。

　「為替操作国」の認定は，一般的に年 2 回議会に提出する「為替政策報告書」で示されることになっており，今回のように，それ以外のタイミングで行われるのは異例と言える。もっとも，トランプ米大統領は，2016 年の大統領選挙

7　U.S. Department of the Treasury, "China Designated as a Currency Manipulator," *Press Release*, August 5, 2019.

の際に，当選すれば中国を「為替操作国」に認定すると表明していた。今回の認定により，この約束が果たされたことになる。

　米国が中国を「為替操作国」に認定することは，激化する米中貿易摩擦を巡る駆け引きの一環である。今回の貿易戦争における米国の最大の武器は，対中輸入に対して追加関税をかけることである。米国は，中国が人民元の切り下げを通じて追加関税による対米輸出への悪影響を相殺しないように，「為替操作国」の認定を使って，中国を牽制しようとしていると見られる。

　また，米国はドル高による貿易収支と経常収支の赤字のさらなる拡大を警戒しており，ドル安を望んでいる。そのため，人民元の対ドル下落を容認できない。2019 年 5 月の「為替政策報告書」で指摘されているように，ドルの実質実効為替レートが 2018 年末には前年比 4.5％上昇し，過去 20 年の平均値と比べても 8％高くなっており，人民元の対ドル下落がその一因であると米当局は認識している。トランプ米大統領も 8 月 8 日に投稿したツイッターで，FRB が他の国と比べて高い金利水準を維持することがドル高を招き，その結果，米国企業が国際競争において，不利な立場に追い込まれていると主張し，FRB に対して利下げを通じたドル安誘導を求めた。

4.2　中国が「為替操作国」に認定された根拠とその影響

　米国における「為替操作国」認定の法的根拠は，「1988 年包括通商競争力法」の第 3004 条と「2015 年貿易円滑化及び権利行使に関する法律」の二つである。「2015 年貿易円滑化及び権利行使に関する法律」とその関連基準に従えば，中国は「為替操作国」に該当しない（本章第 3 節参照）。実際，2019 年 5 月の「為替政策報告書」では，中国は，日本，韓国，ドイツ，イタリア，アイルランド，シンガポール，マレーシアとベトナムと共に監視対象に指定されたが，「為替操作国」の認定には至らなかった。そこで，米財務省は，今回の認定に当たり，明確な基準が定められておらず，財務長官の裁量の余地が大きい「1988 年包括通商競争力法」の第 3004 条に法的根拠を求め，次の認定理由を挙げている。

　まず，中国はかねてより外為市場において，長期にわたる大規模な介入を通

じて人民元を割安誘導してきた。中国は多額の外貨準備高を維持しながら，2019 年 8 月の初めに，自国通貨切り下げの具体的な措置を講じた。こうした措置が講じられた状況や，市場の安定性を巡る中国側の論拠が信頼性を欠くことを踏まえると，国際貿易において不公平な競争上の優位を得るのが中国の為替切り下げの目的である点が確認される。

　また，中国当局は人民元の為替レートについて十分な支配力を有することを認めている。中国人民銀行は 8 月 5 日の声明で，「豊富な経験と政策手段を蓄積し，引き続き管理のための諸手段の革新・充実を進め，外為市場で生じる可能性のあるポジティブなフィードバック反応に対し必要かつ的を絞った措置を講じる」と表明した[8]。これは，為替操作の豊富な経験を積んで，今後も引き続き外為市場に介入する用意があることを中国人民銀行として公に認めるものだ。

　このような行動様式は通貨の競争的な切り下げを回避するとした G20 における中国の公約に反するものでもある，という。

　今回の「為替操作国」認定の法的根拠となった「1988 年包括通商競争力法」の第 3004 条には，当該国に対する具体的制裁策が示されていない。「米財務省の声明」においても，中国の「為替操作国」認定を受けた米国の対応として，
①ムニューシン財務長官は，IMF と連携しながら，中国の直近の措置が作り出した不公平な競争上の優位を是正する，
②通貨の競争的切り下げを回避し，競争力向上を目指した為替操作をしないとした G20 での公約を中国が順守することに，財務省は重点を置いている，
③財務省は中国に対し，為替レートや外貨準備高の管理運用と目的について透明性を高めるよう，引き続き促す，
ことにとどまり，所期の効果を上げない場合の制裁策など，さらなる対応については触れていない。しかし，米国が「為替操作国」認定を通じて元安阻止の強い決意を示したことは，今後の中国の為替政策に一定の制約を加えることとなろう。

8　中国人民銀行，「人民元レートは完全に合理的な均衡水準での基本的安定を維持できる－中国人民銀行スポークスマンが人民元為替レート問題について記者の質問に答える」，2019 年 8 月 5 日。

4.3　中国側の反論

　米財務省が中国を「為替操作国」に認定したことに対し，中国人民銀行は声明を発表し，「このレッテルは米財務省自身が定めた『為替操作国』の量的基準にも該当せず，恣意的な一国主義と保護主義の振る舞いで国際ルールを著しく損ない，世界経済と金融に重大な影響を及ぼす」と深い遺憾の意を示した[9]。中国人民銀行は，同声明において，さらに次のような主張を述べている。

　まず，中国が実施しているのは，市場の需給に基づき，通貨バスケットを参考に調節を行う管理変動相場制である。人民元レートは需給を反映した市場メカニズムによって決められるもので，「為替操作」の問題は存在しない。2019年8月に入ってから，人民元レートがやや下落しているが，それは世界経済情勢の変化と貿易摩擦の激化を背景に，市場の需給と外為市場の変動を反映し，市場の力によって決定されたものである。

　また，中国人民銀行は，人民元レートを合理的かつバランスの取れた水準で安定を維持するよう取り組んできた。BISのデータによると，2005年初めから2019年6月まで，人民元は名目実効ベースで38％，実質実効ベースで47％も上昇しており，G20の中で最も強い通貨であり，世界においても上昇幅が最も大きい通貨の一つである。IMFは先ほど終了した対中4条協議において，人民元レートがほぼファンダメンタルズに合致すると認めている。1997年のアジア通貨・金融危機，2008年の世界的金融危機において，中国は人民元レートの安定維持を約束し，国際金融市場の安定と世界経済の回復に大きく寄与した。米国が2018年から貿易紛争をエスカレートさせているが，中国は通貨安競争を決して行わず，また為替レートを貿易摩擦を巡る駆け引きの手段として使っていないし，使うつもりもない。

　さらに，米国側が事実を無視し，中国に「為替操作国」のレッテルを理由もなく貼り付けることは自他ともに害する行為であり，中国は断固反対する。これは国際金融秩序を破壊し，金融市場の動揺を引き起こすだけではなく，国際

9　中国人民銀行，「米財務省による中国の『為替操作国』認定に関する中国人民銀行の声明」，2019年8月6日。

貿易及び世界経済の回復の大きな妨げになり，結局自らそのツケを払わなければならないだろう。米国のこの一国主義的行為は世界の為替問題に関する多国間のコンセンサスに反しており，国際金融システムの安定運営に深刻な悪影響を及ぼす。中国は米国に，ただちに過ちを正し，理性と客観という正しい軌道に戻るよう忠告する，という。

4.4　中国における為替政策の選択肢

　人民元が市場と米国から反対方向の圧力を同時に受けている中で，中国当局は，為替政策の変更を迫られている。その際，次の三つが有力な選択肢となる。

①ドルペッグ制への回帰

　　中国は現行の「管理変動相場制」から，2005年7月までの事実上のドルペッグ制に戻り，当局が，為替安定への強いコミットメントを示すために，毎日，同じ人民元の対ドル中間レートを発表する。実際，中国は2008年9月のリーマン・ショック頃から2010年2月にかけて，このような政策をとり，危機を乗り越えた。ドルペッグ制の下では，固定為替レートを維持するために，当局は日々外為市場に介入しなければならない。元安圧力が生じる場合，ドル売り・元買いという形の介入が必要となり，その結果，外貨準備は減ることになる。中国が3兆ドルに上る外貨準備を持っていることはドルペッグ制への回帰に有利な条件を与えている。

②人民元の切り下げ

　　人民元がドルに対して緩やかに低下することを容認する，または一回限りの比較的大幅な切り下げを実施する。これは，米国による追加関税の実施による中国製品の国際競争力の低下を相殺することには一定の効果がある。しかし，これに対する米国の反発が予想されるだけでなく，世界的切り下げ競争を招く恐れがある。

③「完全変動相場制」への移行

　　当局が原則として為替介入を行わず，為替レートの決定を市場における需

給に委ねる「完全変動相場制」に移行する。その場合，為替レートが変動する代わりに，外貨準備が一定の水準に維持される。貨幣供給量が為替介入に伴うベースマネーの変動を受けなくなる分，金融政策の独立性は高くなる。しかし，市場の期待が極めて不安定になっている中で，完全変動相場制への移行に伴って，人民元は急落する恐れがある。

　この中で，①のドルペッグへの回帰は，緊急避難的措置として最も現実的選択となるだろう。②の人民元の切り下げは，それに伴う不確実性が最も高い。③の完全変動相場制への移行は，目指すべき中長期の目標となる。

第Ⅲ部

「完全変動相場制」への道
——金融政策の独立性の向上とバブル予防に向けて——

　中国は 2005 年 7 月に従来の事実上のドルペッグ制から，バンド，通貨バスケット，クローリングからなる BBC 方式に基づく「管理変動相場制」に移行した。この制度の下では，為替レートを所定の変動幅の範囲内に収めるために，当局は日々外為市場に介入を繰り返さなければならならない。それに伴って，マネーサプライが激しく変動し，金融政策の独立性が大幅に制限されている。

　特に，人民元の上昇を抑えるための市場介入（ドル買い・人民元売り）は，マネーサプライの増加を通じて，物価の上昇と資産バブルの膨張を助長する恐れがある。これを防ぐために，当局が原則として市場に介入せず，為替レートの決定を市場に委ねるという「完全変動相場制」への移行は有効な手段である（第 6 章）。

　「完全変動相場制」への移行は，中国にとって避けられない道である。それに当たり，1971 年のニクソン・ショックを受けた際の日本の経験と経済学者の間の議論は，大いに参考になる（第 7 章）。

　1980 年代後半の日本において，円高を阻止するための金融緩和や外為市場への介入が，資産バブルの膨張を招いてしまった。中国としては，同じ轍を踏まないために，当時の日本の為替政策や金融政策の失敗から学ぶべきである（第 8 章）。

第6章

流動性の膨張をいかに抑えるか
――迫られる「完全変動相場制」への移行

経済産業研究所　中国経済新論：実事求是，2007年10月2日より抜粋。

　中国では，近年，外貨準備の急増に伴うマネーサプライの高い伸びに象徴される流動性の膨張を背景に，不動産や株式の価格が急上昇し，バブルの様相を呈しており，インフレ率も上昇の一途を辿っている。流動性の膨張を抑えるために，中国当局は，国際収支黒字の削減と金融引き締めに取り組んできたが，対ドル安定という為替政策に制約され，所期の効果を上げるに至っていない（図表6-1）。

図表6-1　流動性の膨張―メカニズム・影響・対策―

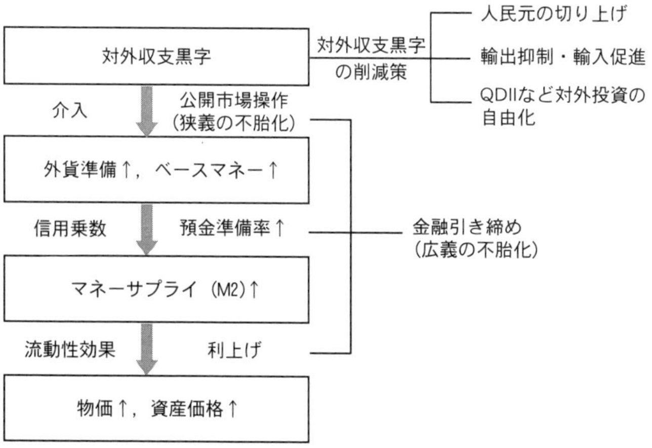

（出所）筆者作成。

1．流動性膨張のメカニズムとその影響

　中国は，貿易を中心とする経常収支と資金の流れを表す資本収支が共に黒字になっており，この双子の黒字は，人民元の上昇圧力をもたらしている。通貨当局が人民元の切り上げを抑えようとして，外為市場においてドル買い・人民元売りの介入を行うが，これは直接，（通貨当局の資産としての）外貨準備と（負債としての）同額（人民元換算）のベースマネーを増やしている。外貨準備の増加分によって示されるように，介入の規模は，2006 年には 2,475 億ドル（GDP の 9.4％相当）に上り，2007 年に入ってからさらに拡大し，上半期だけで，2,663 億ドルに達している。これを反映して，中国の外貨準備は 2007 年 6 月現在，1 兆 3,326 億ドルに上り，世界一の規模となっており，第 2 位の日本（9,136 億ドル）との差がますます広がっている。

　ベースマネーの増加は，信用乗数を通じて，広義のマネーサプライ（M2）を増やす。その結果，2006 年末の M2 の規模は，34.6 兆元に上り，それを GDP で割ったマーシャルの k も，165％という，歴史的に見ても，国際的に見ても，高い水準に達している（図表 6-2）。

図表 6-2　中国におけるマネーサプライの対 GDP 比（マーシャルの k）の推移
　　　　　─日米との比較─

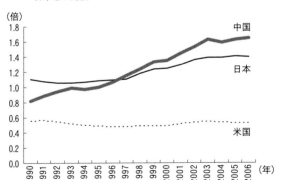

（注）マネーサプライは中国と米国が M2，日本は M2＋CD。
（出所）各国の公式統計より作成。

このように拡大する「流動性」は，消費者物価指数（CPI）と資産価格（不動産価格，株価）を押し上げている。まず，不動産価格の急騰は，2002年頃から上海をはじめとする沿海都市部から始まり，次第に内陸部の都市にも広がっている。株式市場も2005年から始まった「非流通株改革」をきっかけに，上げ相場に入っており，ベンチマークとなる上海総合指数は，この2年間で5倍ほど急騰している。さらに，インフレも加速しており，2007年8月のCPIの上昇率は，前年比6.5％と，ほぼ10年ぶりの高水準となった。

2．国際収支黒字の削減策

　流動性の源とも言うべき国際収支黒字を減らすために，中国は，人民元の緩やかな切り上げを容認しながら，輸出抑制と各種の対外投資の自由化を中心に対策に取り組んできた。

2.1　人民元の切り上げ

　人民元の切り上げは，輸入の促進と輸出の抑制を通じて，貿易収支，ひいては経常収支の黒字を抑え，また，直接投資流入の減速を通じて資本収支黒字を減らす効果も期待される。中国は2005年7月に，それまでの事実上のドルペッグ制（ドル連動制）を改めて，人民元レートの2.1％の切り上げとともに，「管理変動相場制」に移行した。それ以降，人民元の対ドルレートは，緩やかに上昇傾向を辿ってきている。そのペースは，当初の年率1％程度から，直近では年率5％ほどに加速している。しかし，人民元の割安感が依然として解消されるに至っておらず，さらなる切り上げの期待はかえって投機的資金の流入を招いている。

2.2　輸出の抑制と輸入の促進

　貿易黒字を減らすために，輸出抑制と輸入促進という政策や措置が講じられ

た。2006 年以降，中国政府は，輸出抑制の見地から，高エネルギー消費，高
汚染の製品を中心に，輸出増値税（付加価値税）の還付廃止ないし還付率引き
下げが行われてきた。中でも，2007 年 7 月 1 日に，輸出品目の 37％に当たる
2,831 品目について，品目別に設定される輸出増値税還付率の引き下げや還付
自体の取り止めを実施した。その中には，貿易摩擦を引き起こしやすい 2,268
品目が含まれている。その上，同年 7 月には，加工貿易の制限の対象となる品
目の範囲が拡大された。一方，輸入については，2007 年に入って，2 回にわた
り，230 項目の輸入関税を引き下げた。さらに，輸入管理措置を簡素化し，輸
入貿易の利便性を高めた。

2.3   適格国内機関投資家（QDII）制度

　資本流出規制緩和策の一環として，中国当局は 2006 年 4 月，銀行，証券会
社，保険会社などの国内の機関投資家に対して一定の条件の下，本土域外の証
券市場での運用を認める QDII 制度を導入した。これを通じて，中国の国内の
投資家も割り当てられる枠内で海外の証券を取得することができるようになっ
た。QDII の運用対象は，当初債券などの固定利回り商品に限定されていた
が，その後，「域外の証券取引所に上場された株式」に広げられた。中国人民
銀行が発表した「2007 年第 2 四半期中国貨幣（金融）政策執行報告」による
と，国家外為管理局が認可した QDII 限度額は 2007 年 6 月末の時点で累計
205 億ドルに達しているが，人民元が上昇基調にある中で，為替差損を回避す
べく，対外投資使用額は累計 72 億 9,000 万ドルにとどまっている。

2.4   個人の外貨取得枠の拡大と香港証券市場への投資の部分的自由化

　中国本土では 2007 年 2 月に「個人外貨管理弁法」が施行され，個人が外貨
を購入できる年間限度額が 2 万ドルから 5 万ドルに引き上げられた。また，国
家外為管理局は同年 8 月 20 日に，個人による香港への直接証券投資を許可す
ると発表した。まず，天津で香港証券市場への個人の直接証券投資の実験を開
始する。投資家は中国銀行天津支店で外貨口座を開設した上，同銀行に香港で

証券代理口座を開設することを委託する必要がある。これで，直接，外貨また
は人民元を外貨に交換して，香港市場へ投資することができる。投資規模は年
間5万ドルまでという現行の外貨管理規則に制限されない。

2.5　中国企業の対外直接投資への支援

　中国では，これまで資本取引が幅広く規制されてきたが，対外投資を奨励す
るために審査を緩和し，資金調達においては，中央政府が，主要省・市に対外
投資用の外貨融資枠を設定し，地方政府も独自の予算で資金支援，奨励基金を
設置するなどの優遇政策を実施している。

2.6　域内機関の経常項目下の外貨保有制限の撤廃

　国家外為管理局は2007年8月13日に，国内機関に課してきた経常項目外貨
口座の限度額を撤廃した。これまで，域内機関の外貨保有は前年度経常項目外
貨収入額の80％と経常項目外貨支出額の50％の合計額を上限に制限されてい
たが，今後，各自の経営上のニーズに応じて経常項目外貨収入を自己保有でき
るようになった。新しい政策の実施は，域内機関の外貨保有・使用の自主性と
利便性を一層強め，域内機関の資金管理の強化，国際収支の均衡を促す上でプ
ラスとなる。

3．金融政策による対応

　国際収支黒字の拡大に伴う流動性の膨張を抑えるために，通貨当局は次の三
つの手段を通じて，金融引き締め政策（広い意味での不胎化）を行ってきた。

3.1　公開市場操作

　中央銀行は，公開市場操作（所有する国債，または自ら発行する中銀手形の

売却）を通じて，積極的にベースマネーを回収している（狭い意味での不胎化）。しかし，介入の規模があまりにも大きく，しかも中長期的に持続されているだけに，それに伴って増大する流動性を吸収するための不胎化操作は，金利の上昇を招くなど，ますます困難になってきている。

　まず，2003年4月から，中央銀行は，公開市場操作を実施する際，保有する国債の玉不足を補うために，自ら中銀手形を発行するようになり，その発行額が膨らんでいる。2007年6月現在の残高は前年同期と比べて，9,000億元増え，3兆7,600億元（ベースマネーの45.5%相当）に達している。

　当初，発行された中銀手形は3ヵ月物が中心であったが，満期期限がだんだんと長期化しており，現在では1年物が中心になっている。長期金利が短期金利を上回っているため，中央銀行にとって資金調達のコストがその分だけ高まっている。

　さらに，中銀手形の発行利回りも高まりつつある。金利の上昇は，さらなる資本流入，ひいては介入と不胎化の規模の拡大という悪循環を招きかねない。

　2006年5月以降，中央銀行は，入札と併用して割り当てによる中銀手形の発行を実施するようになった。この手形割り当ては，利回りを市場実勢以下の水準に抑え，強制的に銀行に割り当てるものである。低金利で中銀手形を引き受けさせることを通じて，不胎化のコストの一部を銀行に負わせることになる。

3.2　預金準備率の引き上げ

　中央銀行は，銀行を対象とする預金準備比率の引き上げにより，信用乗数，ひいては，マネーサプライを抑えようとしている。中国人民銀行は，2006年以降10回にわたって預金準備率を計5.0%ポイント（その内2007年に入ってから7回にわたって計3.5%ポイント）引き上げ，12.5%とした。中央銀行に預ける準備金から得られる金利は貸出より低いため，準備率の引き上げは銀行の収益にとってマイナスである。

3.3　利上げ

　金利の引き上げの狙いは，資金調達のコストを高めることによって，投資や株や不動産など，預金以外の金融資産への需要を抑え，これを通じて，物価と資産価格の上昇圧力を緩和させることである。2004年10月以来，貸出金利（1年物）は既に8回にわたって計1.98％ポイント（その内，2007年に入ってから5回にわたって計1.17％ポイント）の利上げが実施されている。一方，預金の魅力を高めることを通じて，株式市場への資金流出に歯止めをかけるために，当局は，2004年10月以来，7回にわたって，預金金利（1年物）の計1.89％ポイントの引き上げを実施した。しかし，利上げのペースはインフレの高騰に追いつかず，2006年初以来，実質金利は低下の一途を辿っており，中でも，預金金利はマイナスの水準に落ち込んでいる（図表6-3）。このままでは，物価と資産価値の上昇を抑えることはできない。

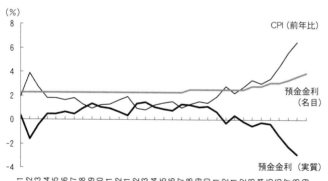

図表6-3　インフレの高騰でマイナスに転じた実質預金金利

（注）預金金利は1年物。
（出所）預金金利は中国人民銀行，CPIは国家統計局より作成。

4．最後の手段としての「完全変動相場制」への移行

　このように，中国において，金融政策の有効性は非常に限られているが，これは「どの国においても，『自由な資本移動』，『金融政策の独立性』，『固定相場制』という三つの目標を同時に達成することができない」という「国際金融のトリレンマ説」に示唆される通りである。中国は，これまで事実上のドルペッグ制である固定相場制を維持しながら，資本移動を制限する（「自由な資本移動」を放棄する）ことを通じて，金融政策の独立性を維持しようとしてきた。しかし，世界貿易機関（WTO）加盟などを経て資本移動が活発化するにつれて，これまで見てきたように，金融政策の有効性も低下している。中国は，2005年7月に「管理変動相場制」に移行したが，為替政策の重点が「変動」よりも，依然として「管理」に置かれているため，金融政策が大きく制約されているという状況はあまり変わっていない（BOX6-1）。

　実際，国際収支黒字が発生している直接的原因は，割安な人民元レートの下では，外為市場において外貨（ドル）の供給がその需要を上回っており，それに伴う為替レートの上昇圧力を抑えるために，当局が介入していることである。中央銀行が一切介入しないという「完全変動相場制」の下では，外為市場における需給の不均衡は，為替レートの変動によって解消される。仮に経常収支が黒字になっても，必ず資本収支の赤字（純流出）に相殺されることになり，その結果，流動性の膨張がその発生源で止められることになる。このように，「完全変動相場制」への移行こそ，流動性の膨張を抑える最も有効な手段である。

BOX 6-1 「管理変動相場制」の下で制約される中国における金融政策の有効性

経済産業研究所 中国経済新論：実事求是「金融開国に向けた為替レート・金利・資本移動の自由化—金融政策の有効性の向上にも寄与—」，2014年5月8日より抜粋。

　中国では，政策金利は，テイラー・ルールに従ってインフレと成長率の上昇（低下）とともに引き上げられる（引き下げられる）が，調整幅はインフレ率と成長率の変化と比べて極めて小さい[注]。例えば，インフレ率が2009年7月の−1.8％から2011年7月に6.5％に上昇した時に，当局は5回にわたって利上げを実施したが，利上げ幅は合計しても1.25％ポイントにとどまった。実際，2005年の「為替制度改革」以降（2005年第3四半期から2013年第4四半期）を対象に回帰分析すると，政策金利のベンチマークとなる銀行の1年物貸出金利はインフレ率の1％上昇に対して0.1％ポイント，経済成長率の1％上昇に対して0.05％ポイントしか引き上げられていないという結果が得られた（図表a）。これを反映して，実質金利（名目金利−インフレ率）は，インフレ率との間で強い負の相関関係が見られる（図表b）。これは，為替レートを安定

図表a　テイラー・ルールに基づく貸出基準金利の推計

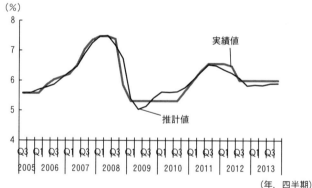

（注）推計値は以下の回帰分析による。
　　貸出基準金利
　　　＝1.44＋0.10×インフレ率＋0.05×実質GDP成長率＋0.63×一期前の貸出基準金利
　　　　　(4.54)　　　(2.81)　　　　　　　　　　(7.99)
　　（　）内はt値，$\bar{R}^2$＝0.88
　　1年物貸出基準金利，四半期のデータは月次データの期末値の平均。
　　推計期間：2005年第3四半期-2013年第4四半期
（出所）貸出基準金利は中国人民銀行，インフレ率，実質GDP成長率は国家統計局より推計・作成。

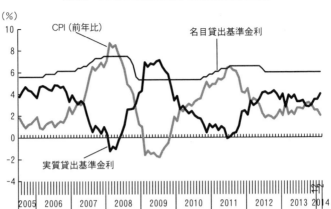

図表 b　インフレ率と逆相関する実質貸出基準金利

（注）1 年物貸出基準金利。実質貸出基準金利＝名目貸出基準金利−CPI（前年比）。
（出所）貸出基準金利は中国人民銀行，CPI は国家統計局より推計・作成。

化させるために当局が積極的に外為市場に介入するという現在の為替制度の下
では，大幅な利上げ（利下げ）が流動性を抑える（増やす）どころか，逆に海
外からの資金流入（海外への資金流出）の拡大を通じて流動性の増加（減少）
を招いてしまうことを当局が懸念しているからである。

（注）テイラー・ルールとは，元米財務次官（2001〜2005 年）を務め，現在，スタンフォー
ド大学の経済学者であるの J. テイラーが提唱する，金融政策を策定する上で，目安となる
ルールである。それによると，物価上昇率と長期的な目標値からの乖離幅と，景気変動を表
す指標（例えば，GDP ギャップ）の均衡値からの乖離幅に応じて，政策金利の水準を決め
るべきである。当局は，現実のインフレ率が目標値を上回ったり，また実質 GDP がその潜
在水準を上回ったりする場合，政策金利を引き上げ，逆の場合，政策金利を引き下げなけれ
ばならない。

第7章

「完全変動相場制」への移行を模索する中国
──参考となる日本の経験と教訓

経済産業研究所　中国経済新論：実事求是，2008年8月26日より抜粋，一部調整。

　近年，中国の国際収支黒字の拡大とそれに伴う外貨準備の急増に象徴されるように，人民元は上昇圧力に晒されているが，国内経済への悪影響の懸念から，中国政府は，人民元の切り上げには慎重である。しかし，為替レートの安定を維持するために，当局は外為市場に介入し続けなければならないため，外貨準備が急増する一方で，国内市場での流動性も膨張している。その結果，株式や不動産といった資産バブルの膨張や，インフレの高騰など，それに伴う弊害が既に顕在化している。また，金融政策は為替レートの安定という目標に割り当てられているため，マクロ経済を安定化させる手段として十分に生かされていない。対外不均衡を是正し，金融政策の独立性を回復させるためには，中国は，当局が原則として市場に介入せず，為替レートの需給を市場に委ねるという「完全変動相場制」に移行しなければならない。

　中国における変動相場制への模索は，2005年7月に行われた「為替制度改革」から始まった。これをきっかけに，中国は従来の「ドルペッグ制」から「管理変動相場制」に移行した。しかし，その後も，為替政策の重点は「変動」よりも「管理」に置かれており，人民元の上昇を抑えるために，当局が日々大規模な市場介入を続けている。その結果，金融政策の独立性は大きく制約されたままである。

　中国が置かれているこのような状況は，固定相場制から変動相場制への移行を迫られていた1970年代初めの日本と類似している。日本は，1971年のニクソン・ショックをきっかけに，紆余曲折を経て1973年2月に変動相場制に移行した。いずれの場合においても，マクロ経済環境だけでなく，為替政策を中

心に交わされている政策論争についても，多くの共通点が見られている。ここでは，中国の現状を踏まえて，当時の日本の経験を振り返り，その中から中国が学ぶべき教訓を明らかにする。

1．進行中の「為替制度改革」

　中国では2003年頃から，外貨準備が急増しており，2008年6月には1.8兆ドルに達している。外貨準備が急増している背景には，貿易を中心とする経常収支と直接投資を中心とする資本収支のいずれも大きな黒字（いわゆる「双子の黒字」）を計上していることがある。本来，「完全変動相場制」の下では，当局が一切外為市場に介入せず，外貨準備が増えないことになる。現在の日本のように，仮に経常収支が黒字になっても，資本収支の赤字によって自動的に相殺される。中国の外貨準備が増え続けることは，当局が為替レートの上昇を抑えるために，言い換えれば，為替レートを市場の均衡水準より割安の水準に維持しようとするために，介入し続けた結果に他ならない。介入が控えられるようになれば，外貨準備が上昇する代わりに，元高が進むはずである。

　このような市場の圧力に並行して，米国をはじめ，中国の主要な貿易相手国から人民元切り上げを求める声も漸次に高まった。当初，中国当局は，「元高」に伴う輸出の減速や，雇用の悪化，デフレ圧力などを懸念したため，切り上げには消極的であったが，その後，市場と外国政府からの圧力がさらに高まったことを受けて，2005年7月21日に，ついに人民元の2.1％の切り上げを実施すると同時に，これまでとってきたドルペッグ制から離脱し，「人民元為替レート決定メカニズムを改善するための改革」（「為替制度改革」）に踏み切った。

　その際，中国人民銀行のスポークスマンは，なぜ人民元為替レート決定メカニズムの改革を行う必要があるのかについて，次のように説明している[1]。

　「人民元為替レート決定メカニズムの改革推進は，対外貿易の不均衡の緩和

1　中国人民銀行スポークスマン，「なぜ中国は人民元為替レート決定メカニズムを改善するための改革を行うのか」，新華社，2005年7月21日。

や内需の拡大，企業の国際競争力の向上，対外開放水準の向上への必要による
ものだ。ここ数年来，中国（の対外貿易収支）は経常項目，資本項目共に黒字
が拡大し，国際収支の不均衡を激化させている。2005 年 6 月末現在，中国の
外貨準備は 7,110 億ドルに達した。2005 年に入り貿易黒字は急速に伸び，貿易
摩擦がさらに深刻化している。」

　これを踏まえて，人民元レートの水準を適切に調整し，為替レート決定メカ
ニズムを改革することには，次のようなメリットがあると指摘した。

①内需を中心とする持続可能な経済発展戦略の徹底や，資源配分の改善に役
　立つ
②金融政策の独立性の強化，金融調節の主体性と有効性の向上に役立つ
③輸出入の基本的バランスの維持，交易条件（輸出財の輸入財に対する相対
　価格）の改善に役立つ
④物価の安定維持，企業コストの縮減に役立つ
⑤企業の経営体制の転換促進，自主開発能力の強化，対外貿易の成長方式転
　換の加速，国際競争力とリスク対応力の向上に役立つ
⑥外資導入構造の改善，外資の利用効率の向上に役立つ
⑦国内・海外両方の資源と市場の十分な利用，中国の対外開放水準の向上に
　役立つ

　これらの目標を達成するために，新しい制度においては，当局は，人民元
レートをドルのみに連動させるのではなく，国内・海外の経済金融情勢に応
じ，市場の需給を基礎に，通貨バスケットで計算した人民元の実効為替レート
を参考にしながら，人民元レートへの管理と調整を行い，人民元レートの合理
的でバランスの取れた水準での基本的安定を維持することに努める。通貨バス
ケットを参考にすることは，外貨間のレート変動が人民元レートに影響するこ
とを意味するが，通貨バスケットへのペッグ制を採用するのではなく，為替
レートの決定に当たり，市場の需給関係をも考慮するのである。

2．2005年に行われた「為替制度改革」への評価

　2005年に「為替制度改革」が始まってから3年以上の歳月が経ったが，振り返ってみると，当局が目指した7つの目標の中の①，③，⑤，⑦番目に関しては，それなりの成果を上げているが，②，④，⑥番目はまだ達成できていない[2]。

　概ね達成できた目標については，次のように評価されている。まず，①番目に関しては，輸出が減速している中で，消費が比較的堅調に推移している。また，③番目に関しては，貿易収支が，2008年に入ってからようやく低下傾向に転じている。さらに，⑤番目に関しては輸出に占める繊維などの労働集約型製品のシェアが低下し，その代わりに機械など資本，技術集約型製品のシェアが高まっている。最後に，⑦番目に関しては，中国の対外直接投資が急速に増えており，中国経済の対外開放はもっぱら外資企業に「来てもらう」段階から，中国企業も「出て行く」という段階にきている。

　一方，達成できていない目標に関しては，次のような改善すべき課題が残っている。まず，②番目に関しては，人民元切り上げの期待が続く中で，大量のホットマネーが中国に流入している。それに伴う人民元の上昇を抑えるために，当局は大規模な外為市場への介入を続けざるを得ず，これは流動性の膨張を招き，金融政策の独立性を大幅に制約している。

　また，④番目に関しては，市場介入に伴う流動性の膨張は，インフレの加速につながっている。原油など一次産品の国際相場の急騰や，円やユーロといった主要通貨のドルに対する上昇も加わり，人民元のこれまでの対ドルの緩やかな切り上げでは，輸入インフレを抑えるのに不十分であった。

　さらに，⑥番目に関しては，人民元の切り上げを見込んだホットマネーは資本流入の大半を占めるようになった。このような資金の流入は，金融政策の舵取りを困難にしているだけでなく，短期間で引き揚げられ，金融危機を誘発し

　2　周昆平，唐建偉，「為替レート決定メカニズム改革は依然として任重くして，道遠し」，『上海証券報』，2008年7月22日。

かねないリスクも孕んでいる, という。

　このように, 2005年7月に行われた為替制度の変更は, あくまでも人民元改革への第一歩にすぎず, これらの目標を達成するために, 今後, 「完全変動相場制」に向けて, 当局はできるだけ介入を減らし, 為替レートの決定を市場に委ねなければならない。

3. 日本の変動相場制への移行過程

　中国が直面しているこのような状況は, ニクソン・ショック前後の日本と似ている。ブレトン・ウッズ体制の下で日本は1ドル=360円の固定相場制を採用し, これを維持することは政策の最優先課題であった。しかし, 1960年代になると, 基軸通貨国である米国では, 資本流出を反映した国際収支の慢性的な赤字が続き, ドルの信任が揺らぎ始めていた。その一方で, 日本は高度成長期を経て, 輸出の国際競争力が高まり, 1968年頃から国際収支は赤字基調から黒字基調に転じた。黒字幅が拡大するにつれて, 1967年まではわずか20億ドル前後で推移していた外貨準備は, 1970年末には44億ドル, ニクソン・ショック直前の1971年7月末には79億ドルへ急激に拡大した (図表7-1)。

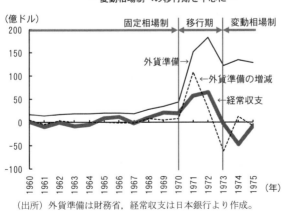

図表7-1　日本の経常収支と外貨準備の推移
―変動相場制への移行期を中心に―

（出所）外貨準備は財務省, 経常収支は日本銀行より作成。

こうした中で，円の切り上げ観測は日増しに高まっていった。

　特に，1971年に入ると米国は貿易収支が戦後初めて赤字に転落したにもかかわらず，景気拡大を目指して3回の公定歩合の引き下げを実施し，ヨーロッパ諸国との金利差が拡大した。ドル切り下げ観測も加わり，大量の投機的資金が米国からヨーロッパに向かった。こうした中で，5月に西ドイツは変動相場制に移行し，これを受けて，円が次の投機のターゲットとなり，円の切り上げ圧力は一層高まった。

　このような国際通貨不安が続く中で，ニクソン米大統領は1971年8月15日に，ドルと金の交換停止，10％の輸入課徴金の賦課などを内容とする「新経済政策」を発表した。これに対応するために，ヨーロッパ諸国は一時外為市場を閉鎖したが，翌週の月曜日23日から為替市場が再開された時に為替レートの変動を容認せざるを得なかった。これに対して，日本は外為市場を閉鎖せず，1ドル＝360円を守るためにドル買い介入を続けたが，8月28日についにヨーロッパ諸国に追随し，変動相場制に移行した。その間の介入規模は40億ドル（当時の輸入のおよそ4ヵ月分相当）に上った。

　当時，変動相場制はあくまでも一時的避難措置であると認識され，主要国の間では平価の調整を経て再び固定相場制に復帰するための模索が続いた。そして，1971年12月に主要10ヵ国蔵相・中央銀行総裁が出席したスミソニアン会議において，主要国通貨の対ドルレートの調整が合意され，円ドルレートは従来の360円から308円へと切り上げられた。

　スミソニアン体制が発足してからも，米国の貿易赤字の拡大を背景に，ドルに対する不信が深まり，円の上昇圧力は収まらなかった。日本では，円の再切り上げを防ごうと，金融緩和が行われたが，当局による外為市場へのドル買い・円売り介入の影響も加わり，流動性が膨張し，物価と株価が急騰した（図表7-2）。1973年に入ると，世界的な通貨危機が再燃したことを背景に，日本は2月14日に，主要各国も3月に相次いで変動相場制に移行し，スミソニアン体制はわずか1年余りで崩壊することになった。

　日本が変動相場制に移行してからも，円の上昇圧力が止むことはなく，円高傾向は円ドルレートが一時80円を突破した1995年4月まで続いた。また，資本移動に関する多くの規制が維持され，資本取引の本格的な自由化は，外国為

図表 7-2　変動相場制に移行する前後の日本の経済・金融情勢

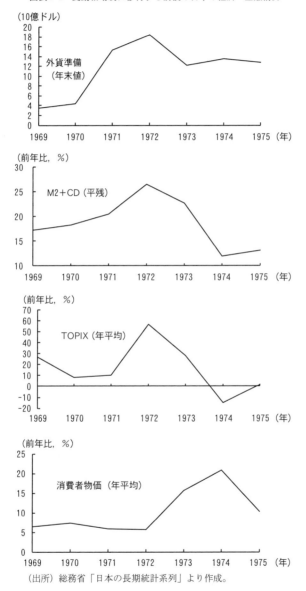

（出所）総務省「日本の長期統計系列」より作成。

替及び外国貿易法の全面改正が実施された 1980 年 12 月まで，実需原則（先物
為替取引を輸出入などの実需に基づく場合のみ認めること）の撤廃に至って
は，1984 年まで待たなければならなかった。さらに，ダーティ・フロートと
いう言葉に象徴されるように，市場介入を止めることはなかった。しかし，変
動相場制への移行により円レートの均衡水準からの乖離が解消されたことを背
景に，介入の狙いは，円高を阻止することから，為替レートの乱高下を防ぐこ
とに変わった。日銀が完全に介入しなくなったのは 2004 年 3 月 17 日以降であ
る。

4. 日本の変動相場制への移行に関する評価

　ニクソン・ショック前後の日本では，強い円高脅威論ないし円高回避論が当
局者の間では支配的であった。為替レートを変更しないということを前提に，
国際収支における黒字を減らす政策として，
①輸入自由化の促進，
②特恵関税の早期実施，
③関税引下げの推進，
④資本自由化の促進，
⑤非関税障壁の整理，
⑥経済協力の推進，
⑦秩序ある輸出の確立，
⑧財政金融政策の機動的運営，
からなる「円対策 8 項目」を盛り込んだ「総合的対外経済政策に関する基本方
針」が 1971 年 6 月 4 日に発表された。
　これに対して，1971 年 7 月 10 日に 36 人の経済学者によって構成された「為
替政策研究会」（代表幹事：天野明弘神戸大学教授，小宮隆太郎東京大学教授）
は，当時の日本の国際収支が，大幅な受け取り超過を続け，明らかに「基礎的
不均衡」に当たるという認識を示した上，ポリシー・ミックスという観点か
ら，「国際収支の均衡という目標には為替レートの変更を最優先的に割り当て，

その他の目標を達成するには他の手段を用いるのが適切な政策目標と手段の組み合わせである。」と反論した。これを踏まえて，できるだけ早い時期に次のように，「円の小刻み切り上げ」（クローリング・ペッグ）を実施することを提言した（切り上げを支持する具体的な理由については，BOX7-1 参照）。

　「1 回の平価変更の幅は 1%以内とし，3 ヵ月ないし 5 ヵ月に 1 回ずつ，従って 1 年間を通じて 2.4 ないし 4%程度の速度で，その時々の情勢を考慮しながら，国際収支の黒字が解消し，累積した過大な外貨準備が減少するまで調整を続ける。この場合，日本銀行が市場レートの急変を避けるよう為替市場に介入することが望ましい。変更の頻度と幅については，固定的に考える必要はなく，毎月 1 回 0.2%ないし 0.3%程度とする方式も考慮に値する」[3]。

　「為替政策研究会」は，小刻み調整の利点として，次の 4 つを挙げている。まず，大幅な平価変更の場合と異なり，投機ないしヘッジングを目的とする短期資本の移動の誘因を生じない。第二に，調整が徐々になされるため，各産業における適応が容易である。第三に，最終的な切り上げ幅をあらかじめ決める必要はなく，黒字が解消し過大な外貨準備が減少するまで調整を続ければよい。もし情勢が逆転すれば逆の調整（切り下げ）を行うこともできる。最後に，特に日本の場合，この方式は国際通貨基金（IMF）協定に抵触せず，日本政府の決断により実行できる。

　一方，東京大学の小宮隆太郎教授と専修大学の須田美矢子助教授は，共著において，ニクソン・ショックを受けた当局の対応に関しては，「当時の日本経済のマクロ的状況から見れば，円のフロート移行は遅きに失したとの感を免れない。田中首相が円の『再切り上げを避けるためにあらゆる措置を取らなければならない』と述べ，スミソニアン・レートをあくまでも堅持する方針を示したため，為替当局の選択範囲が狭まってしまったのは，不幸なことであった。……日本政府は自らの主体的な選択によって，もっと速やかに，例えば，1972年秋に，スミソニアン・セントラル・レートを調整するか（円の再切り上げ），それともフロートに移行すべきであった。」と批判している。また，第一次石油危機が勃発した 1973 年 10 月の前からインフレは既に進行していたことに着

3　為替政策研究会，「円レートの小刻み調整についての提言」，『季刊現代経済』，第 2 号，1971 年 9月。

目し，1972年秋当時，政府・日銀が円の再切り上げの回避を最優先の目標と考えて進めていた拡張的マクロ経済政策が，1973-1974年の狂乱物価を招いたと断じている[4]。

5．日本の経験から学ぶべきもの

　現在の中国は，1970年代初めの日本と同じように，固定相場制から変動相場制への移行期にあるが，当時の日本の経験と教訓から何を学ぶべきだろうか。

　まず，「為替政策研究会」の「提言」で取り上げられている切り上げの是非を巡る議論は，現在の人民元問題を考える上でも，多くの示唆を与えている。中でも，国際収支黒字の増大とそれに伴う外貨準備の累積の弊害に関する指摘や，政策と手段の最適な組み合わせを目指したポリシー・ミックスという発想，「輸出増進や外貨獲得こそ国益だ」という重商主義への批判などは，現在の中国にもそのまま当てはまる。

　第二に，当時の日本では，切り上げや変動相場制への移行には抵抗が強く，このことは，当局の対応を遅らせる原因となった。しかし，無理して市場介入を通じて割安な為替レートを維持しようとした結果，流動性の膨張，ひいてはインフレの加速と資産バブルを招いてしまった。残念ながら，中国は，この教訓を生かすことができず，近年，同じような状況を許してしまった。

　第三に，貿易財部門（製造業）において生産性の上昇の高い国では，実質為替レートが長期にわたって上昇圧力に晒されるため，物価の安定と為替レートの安定を同時に達成することは困難である。当局は，物価の上昇か為替レートの上昇というトレードオフ関係に沿って，政策目標を選択しなければならない。変動相場制に移ってからの日本は，物価の安定を優先し，円高を容認したが，もし為替レートの安定を維持したならば，インフレ率がもっと高かったはずである。

4　小宮隆太郎，須田美矢子，『現代国際金融論―理論・歴史・政策（歴史・政策編）』，日本経済新聞社，1983年。

　第四に，資本取引の自由化は変動相場制の前提条件とされているが，中国は資本取引の自由化が遅れており，それを推進していく条件も整っていないことを理由に，変動相場制への早期移行に反対する意見がある。しかし，1970年代における日本の経験は，資本規制を維持しながらも，変動相場制への移行が可能であることを示している。

　第五に，2005年に実施された「人民元為替レート決定メカニズムを改善するための改革」と，1971年に行われた「為替政策研究会」による「円レートの小刻み調整」という提言は，ともにクローリング・ペッグと分類される一種の「管理変動相場制」である。ニクソン・ショックをはじめとする内外情勢の急激な変化を受けて，日本は，「円レートの小刻み調整」が実施されることがないまま，変動相場制に移行したが，中国においても現行の制度はあくまでも移行期の措置だと理解されるべきである。既にその限界が明らかになっており，「完全変動相場制」に向けて，さらなる改革が求められている。

　最後に，当時の日本は参考となる他の国の経験がなく，準備も不十分なまま，固定相場制を維持するためにあらゆる手段を使い果たした段階で，変動相場制への移行を余儀なくされた。これに比べて，中国はもう少し余裕を持っている。実際，2005年に行われた改革は，外圧が高まりつつある中ではあるが，ニクソン・ショック当時の日本のような危機的状況で行われたわけではなかった。中国としては，日本をはじめとする諸外国の経験を参考にしながら，「完全変動相場制」への移行に向けてのロードマップを前もって用意しておくべきである。

　最終移行のベスト・タイミングは，実際の人民元レートが市場の需給を反映した「均衡レート」にほぼ一致する時である。海外で取り引きされている人民元の先物（NDF）レート（1年物）の現物レートに対するプレミアムが，2008年春の10％を越えた水準から，8月21日現在で3％程度にまで低下していることに象徴されるように，その日は既に近づいてきている。

BOX 7-1　なぜ円の切り上げが必要であったか：
「為替政策研究会」の見解

　ニクソン・ショック前後の日本において，円の切り上げ反対論が世論の大勢を占めていた。その主な論拠として，
①円の切り上げは，「輸出増進」と「外貨獲得」という「国益」に反すること，
②円の切り上げよりはドル切り下げ，もしくはそれを可能にするための国際通貨制度の改革が必要であること，
③産業界への影響が大きいこと，
④一旦切り上げを行えば，歯止めを失い，円平価の安定性が失われること，
⑤経済成長の誘因を喪失させること，
⑥物価安定の効果に乏しいこと，
⑦国内に弱い円を切り上げる理由はないこと，
が挙げられている。
　これらに対して，「為替政策研究会」は，円レートの小刻み切り上げが実施されることを前提に，次のように反論している。
①国際収支の黒字の累積は，国益に即するどころか，経済活動の本来の目的である自国の消費・投資・政府支出が生産以下に抑えられた結果に他ならない。その上，赤字国からのインフレ輸入を招き，国際金融協力を困難にするなど，国民経済への弊害が大きい。
②ドル本位制の欠陥を克服するような国際通貨制度の改革は，日本だけで実施し得ない問題である上に，その改革について多くの国々の同意を得るためには，恐らく長時間を必要とする。これに対して，黒字の累積によってもたらされた日本経済への悪影響を是正することは，日本にとって，自ら取り組まなければならない緊急課題である。
③円レートの切り上げは，日本の輸出産業にとって，海外市場での競争が厳しくなるが，日本企業の競争力が年々高まっていることから考えると，小刻みの切り上げ調整の場合，切り上げることによる競争条件の不利化は，転換過程を通じて吸収される可能性が高い。また，円の切り上げにより，国内の有効需要の落ち込みと国内資源の不完全雇用が引き起こされた場合，円の小刻み調整と同時に拡張的財政支出政策を組み合わせることによって，十分対応できるはずである。
④構造的に日本の黒字累積傾向が絶えず続くと予想される場合には，国際収支調整策として大幅な切り上げで調整すれば，切り上げの度に大きな影響を国民経済にもたらすが，小刻み切り上げ調整方式は，経済全体としての衝撃はそれほど大きなものとはならない。

⑤円レートの切り上げは，企業の利潤と賃金上昇を抑えることを通じて生産性向上の意欲，ひいては経済成長を阻害すると懸念されるが，成長の意欲は賃金上昇と生産性上昇率との関係によってもたらされるのではなく，成長の基本要因は投資行動と技術進歩の諸要因にある。

⑥円の切り上げの目的は国際収支の不均衡がもたらす日本経済への全般的損失を減少させることであり，物価対策は円の切り上げの一つの側面にすぎない。他のいかなる代替案よりも，輸入自由化と組み合わされる円の切り上げの効果は，国際収支調整策としても，物価抑制効果の面においても，より好ましい成果をもたらすと考えられる。

⑦円の切り上げは外に対して円の購買力を高めることができ，内に対しても円を強くすることになる。

1970 年代初めの日本における為替政策のあり方に関するこのような指摘は，現在の中国にも当てはまるように思われる。

第 8 章

日本のバブルの経験から学ぶべき教訓

　中国では，1980 年代後半に膨らんだ日本のバブルの原因が，プラザ合意を
受けた円高にあるという認識が一般的だが，これは必ずしも正しくない。本当
の原因は，むしろ元高を阻止するための金融緩和や外為市場への介入が，過剰
流流動性を招いてしまったことにある。この経験から得られる教訓の一つは，
中央銀行の政策の重点を為替レートの安定に置こうとすると，市場介入が必要
となり，これにより金融政策の独立性が大幅に制約されることである。特に，
国境を越える資本の移動性が高まる中で，経済を安定化させるためには，為替
レートに柔軟性を持たせることを通じて，金融政策の独立性を高めていかなけ
ればならない。

1．膨張し続ける資産バブル：
　なぜ日本の教訓が生かされなかったか

経済産業研究所　中国経済新論：実事求是，2006 年 6 月 28 日。

　中国では，従来の不動産価格の上昇に加え，この 1 年間ほど株価も高騰して
おり，バブル経済の様相を呈している。その最大の原因は，高まる元高圧力に
対して当局が外為市場に大規模な介入を続けており，それに伴って過剰流動性
が発生していることにある。このような状況は，1980 年代後半の日本にます
ます似てきている（図表 8-1）。残念ながら，中国当局は，日本が経験した切
り上げによるデフレ圧力（マッキノン説）を心配するあまり，円高を阻止する
ための金融緩和策が逆にバブルの膨張につながった事実（黒田説）を見逃して
しまった。その結果，せっかく参考となるはずの日本の教訓が十分に生かされ

図表 8-1　現在の中国とバブル期の日本の比較

日本 (年度)	外貨準備 (10億ドル)	マネーサプライ M2+CD (前年比, %)	不動産価格（土地）		株価 TOPIX
			全国平均 (前年比, %)	うち東京 (前年比, %)	
1984	26.5	7.8	2.5	2.6	999
1985	27.9	8.7	2.0	3.2	1,266
1986	58.4	8.6	2.7	10.4	1,871
1987	84.9	11.2	9.7	57.5	2,148
1988	99.4	10.8	7.4	22.6	2,469
1989	73.5	10.3	7.2	3.5	2,227
1990	69.9	10.2	13.7	10.5	1,971
1991	68.2	2.6	3.1	-0.6	1,419
中国 (年)	外貨準備 (10億ドル)	マネーサプライ M2 (前年比, %)	不動産価格		株価 上海総合指数
			35大都市指数 (前年比, %)	うち上海 (前年比, %)	
2002	286.4	16.8	3.7	7.3	1,358
2003	403.3	19.6	4.8	20.1	1,497
2004	609.9	14.6	9.7	18.8	1,267
2005	818.9	17.6	7.6	9.7	1,161
2006	875.1	19.1	5.5	-1.3	1,606
（直近）	（3月）	（5月）	（第1四半期）	（第1四半期）	（6月23日）

（注）株価は期末値。
（出所）国土交通省「都道府県地価調査」，経済企画庁『経済白書』，国家外為管理局，上海証券取引所，CEIC のデータより作成。

ていない。

　中国では，円高の経験を論じる際，長期にわたる円高の傾向が日本経済に強いデフレ圧力をもたらしているというスタンフォード大学のマッキノン教授の主張が主流となっている[1]。すなわち，1970年代以降，米国の圧力の下で，円が年率4％ほどドルに対して上昇傾向を辿り，円高期待が定着する中で，この4％はそのまま日米の金利差として反映されるようになった（金利裁定を反映して，日本の金利水準＝米国の金利水準－円高期待）。米国の金利が高い間は問題がなかったが，1990年代に入って米国の金利が低下するにつれ，日本の金利はゼロに向かわざるを得なくなった。かくして1990年代後半，日本は（金利がそれ以上に下げられない）「流動性の罠」に陥り，金融政策が有効に働

1　ロナルド・マッキノン，大野健一，『ドルと円』，日本経済新聞社，1998年。

かなくなったゆえに，不況が長引くことになったという。中国も日本のように
米国の圧力に屈し，切り上げと為替の変動を認めれば，デフレが深刻化し，流
動性の罠に陥りかねないとマッキノン氏は警告する[2]。

　一方，中国ではまだ少数派の見解にとどまっているが，元財務官で現在アジ
ア開発銀行（ADB）総裁を務めている黒田東彦氏は1980年代後半の日本でバ
ブル経済が発生した原因を，円高そのものではなく，円高に伴うデフレ圧力を
和らげるための金融緩和に求めている[3]。プラザ合意前後に1ドル＝240円前
後だった円ドル相場は，1985年末には200円割れに，1年後には150円へと急
激な円高が進行した。円高で競争力の落ちた輸出産業を助けるために，日銀が
1986年1月から1987年2月まで合計で5回にわたって公定歩合を5.0％から
2.5％に引き下げ，それまで最低となった金利水準は1989年5月まで続けられ
た[4]。一方，ドル高是正という目標が達成されたという認識の下で，1987年2
月にG7参加国間でドルの安定を目指す「ルーブル合意」が交わされた。これ
をきっかけに，日銀は積極的にドル買い介入を行うようになった。急激な利下
げと外為市場への介入によるマネーサプライの増加によって，カネ余り現象が
起こり，資金が株式市場や不動産市場へと向かった結果，バブル経済が形成さ
れ，1990年代に禍根を残したのである。

　確かに，マッキノン説のように，円高（期待）は，バブル崩壊後の日本経済
のデフレに拍車をかけた側面もあろうが，現在の中国経済の置かれている状況
はむしろ黒田説が対象とする1980年代後半の日本に近い。日本の二の舞にな
らないように，中国としては，一刻も早く，介入の規模を減らして，人民元の

2　ロナルド・マッキノン，「中国は東アジアの安定要因かデフレ要因か」，『人民元切り上げ論争』，
　　関志雄／中国社会科学院世界経済政治研究所編，東洋経済新報社，2004年。

3　黒田東彦，「円高の経験と中国にとっての教訓」，『人民元切り上げ論争』，関志雄／中国社会科学
　　院世界経済政治研究所編，東洋経済新報社，2004年。

4　金融緩和の直接の狙いは，円高の阻止と内需拡大による対外不均衡の是正であったが，これが必
　　要以上に持続された背景には，次の要因が考えられた。まず，好景気にもかかわらずCPIで見た
　　物価が比較的安定していた（この点は，現在の中国にも当てはまる）。また，1987年10月のブラッ
　　クマンデーの直後，株式市場の混乱を収めるために，米独と協調して，金融緩和を継続せざるを得
　　なかった。特に，日本は最大の経常収支黒字国として米国からの批判の矢面に立たされていたこと
　　もあって，金融引き締めへの転換は，日銀が1989年5月末にようやく公定歩合を0.75％引き上げ
　　るまで待たなければならなかった。これは西ドイツの利上げから1年近くが経過した。金融引き締
　　めへの転換が遅れたことは，バブル経済の一層の膨張を許してしまったのである。

切り上げのペースを加速させることを通じて過剰流動性を抑えなければならない。

2．二つのバブル：
中国の現状と1980年代後半の日本との比較

経済産業研究所　中国経済新論：実事求是，2014年5月8日より抜粋。

　日本経済は，1980年代後半にバブルの膨張を経験したが，1990年以降，バブルの崩壊をきっかけに，長期低迷に陥った。現在の中国でも，不動産市場を中心に，バブルが膨張しており，その行方が注目されている。ここでは，両者の類似点と相違点を明らかにした上，中国が日本の経験から学ぶべき教訓について考える。

2.1　日本と類似するバブル膨張の背景

　現在の中国とバブル期の日本を比較してみると，次の類似点が浮かんでくる。

　まず，1980年代後半の日本と同じように，現在の中国においても，労働力不足に制約されて潜在成長率が大幅に低下している中で，政府が無理して拡張的マクロ政策を通じて潜在成長率を超える高成長を目指そうとしたことが，資産バブルを招いている。

　また，当局が為替レートの上昇を抑えようと，積極的に外為市場に介入した結果，流動性が膨張してしまった。日本では，1985年の「プラザ合意」を受けて円高が進行した。1987年2月にドル高是正という目標が達成されたという認識の下で，G7参加国間でドルの安定を目指す「ルーブル合意」が交わされたことをきっかけに，日本銀行は大規模なドル買い介入を行うようになった。これは，金融緩和とともに，流動性，ひいては資産バブルの膨張に拍車をかけた。中国においても，人民元高を抑えるための市場介入が不動産価格の上昇をもたらした流動性膨張の一因となっている。

　さらに，従来の預金を原資とする銀行の貸出とは別に，当局の規制から逃れるための資金調達ルートとして，シャドーバンキングが使われている。バブル期の日本では，多くの不動産関連融資が，当局の監督が届かない「住専」といったノンバンクを経由した。このことは，不動産バブルの膨張に拍車をかけた一方で，バブル崩壊後の不良債権問題を深刻化させた。現在の中国においても，銀行が理財商品，信託会社が信託商品を販売することを通じて，資金を調達し，その一部を不動産市場につぎ込んでいる。

　最後に，資産（日本の場合は不動産と株式，中国の場合は不動産のみ）価格が大幅に上昇しているが，物価は比較的安定している。これは，金融引き締めへの転換を遅らせている。

2.2　リスクの軽減に寄与すると期待される日本との相違点

　その一方で，現在の中国と1980年代後半の日本との間には多くの相違点も見られている。

　まず，バブル期の日本では，銀行の住専などへの融資はバランスシートの一部であり，焦げ付いた場合，銀行自らの不良債権となる。これに対して，現在の中国では，シャドーバンキング商品の大半は，銀行のバランスシートから分離されており，仮に債務不履行が起こっても，原則として，銀行は顧客に対して損失を補填する義務を負っていない。

　また，日本では大半の銀行が民営であるのに対して，中国ではほとんど国有となっている。このため，いざという時に政府に支援してもらえると期待されている。

　さらに，バブル期の日本は既に変動相場制に移行しており，資本取引の自由化も進んでいた。これに対して，中国では，人民元レートが当局によって厳しく管理されており，資本取引も制限されている。その結果，人民元は投機の対象になりにくい上，資本の激しい移動による金融市場の不安定化が避けられる。

　最後に，両国の経済発展段階には大きな差がある。バブルが弾けた1990年代の日本は，既に成熟した先進国であった。これに対して，現在の中国は，ま

だ新興工業国の段階にある。従来と比べて，潜在成長率が低下しているとは言え，「後発の優位性」を生かせば，6-7%という中程度の成長が当面維持されると思われる。特に，予想される都市化の進展は，不動産投資のみならず，経済成長を支える力となろう。

3. 資産バブル膨張で問われる中国の金融政策のあり方： 参考となる日本の経験と教訓

経済産業研究所　中国経済新論：実事求是，2010 年 4 月 12 日より抜粋。

　日本経済は，1990 年のバブルの崩壊以降，長期低迷に陥っており，いまだその後遺症から完全には回復していない。バブルの発端は 1985 年 9 月のプラザ合意に遡る。プラザ合意を受けて円高が急速に進む中で，競争力の落ちた輸出産業を助け，また内需を拡大させるために，日銀が 1986 年 1 月から 1987 年 2 月までに 5 回にわたって公定歩合を 5.0% から 2.5% に引き下げ，過去最低となった金利水準は 1989 年 5 月まで続けられた。これにより，カネ余り現象が起こり，資金が株式市場や不動産市場へと向かった。その結果，バブル経済が形成され，バブルの崩壊とともに日本経済は「失われた 20 年」に突入したのである。

　中国においても，金融緩和を背景に，不動産などの資産価格が急上昇しており，バブルの様相を呈している。中国は，日本の轍を踏まないために，その経験から何を学ぶべきだろうか。

3.1　資産価格も金融政策の重要な変数の一つ

　まず，中央銀行の目標は，通貨価値（物価）の安定と金融システムの安定（信用秩序の維持）にあるが，資産価格の変動は，銀行の不良債権の拡大などを通じて，金融システムの不安定要因になることに鑑みれば，金融政策を策定する際，消費者物価指数（CPI）で見た物価だけでなく，株式や不動産価格の動向にも目を配るべきである。

　この点を巡って，「行きすぎた資産価格の上昇に伴う金融システムの不安定化を回避するため，仮に物価が安定していても，金融引き締めを行うべきだ」という国際決済銀行（BIS）の主張と，「金融政策の運営に当たり，あくまでも物価の安定に重点を置く」という連邦準備制度理事会（FRB）の主張が対立している。バーナンキ FRB 議長は，後者を代表する論者として知られているが，2008 年のリーマン・ショックを受けた金融危機を経て，スタンスをやや軟化させている。

　日本では，1980 年代後半の金融緩和を受けて，資産価格が大幅に上昇したが，景気の過熱や物価の上昇が顕著ではなかったため，当局には引き締め政策を急がなければならないという意識がほとんどなかった。インフレ圧力が高まったことを受けて，1989 年に日本銀行は金融引き締めに転じたが，経済のバブル化は既に進行していた。このように資産価格と物価の変動の間にかなりタイムラグがあることを考えれば，当面の物価動向にだけ注目して金融政策を運営すると，バブル防止には手遅れになる可能性がある。

　中国はリーマン・ショック以降，思い切った金融緩和策をとってきた。これを受けて，不動産価格の上昇のペースが加速している。70 大中都市住宅販売価格は 2010 年 2 月には前年比 10.7％に達しており，警戒すべき水域に入りつ

図表 8-2　物価より先行する株式と不動産価格
—リーマン・ショック以降の状況—

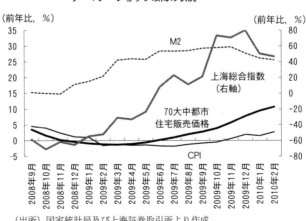

（出所）国家統計局及び上海証券取引所より作成。

つある。中国では，金融緩和期において，株価や不動産価格など，資産価格が物価より先行して上昇する傾向が観測されている（図表8-2）。従って，資産価格を金融政策のターゲット変数に加えることは，バブルを防ぐためだけでなく，物価の安定にも役立つ。

3.2　注目すべき不動産関連融資の動向

次に，バブルの拡大は信用の膨張を伴うが，中央銀行はその量的伸び率だけでなく，不動産関係を中心に融資の構成の変化についても注意を払う必要がある。

バブル期の日本においては，ノンバンク，不動産，建設の3業種の合計で銀行融資全体の25％に達していた。特に多くの不動産関連融資が，当局の監督が届かない「住専」といったノンバンクを経由したことは，不動産バブルの膨張に拍車をかけた一方で，バブル崩壊後の不良債権問題を深刻化させた。

中国における不動産関連の融資は住宅ローンを含んでも，銀行融資全体の20％程度にとどまっており，バブルの時代の日本と比べれば，まだ低い。しかし，2009年の新規住宅ローンの規模は一気に2008年の5倍になった[5]。このことは，警戒すべき現象である。また，銀行融資の内どの程度が，地方政府が設立した投資会社を経由して不動産市場に流れているかについても，厳しくモニターすべきである。

3.3　先行きを展望した金融政策の重要性

さらに，バブルが発生してから時間が経てば経つほど，それが崩壊した時の被害は大きくなり，政策対応もより困難になるため，当局は，経済が抱えるリスクを極力，潜在的段階で把握し，先行きを展望した（forward-looking）金融政策を実施すべきである。この点について，後に日本銀行が「中央銀行にとって（1980年代後半の）バブルの経験から得られる最大の教訓」だと「反

5　中国人民銀行，「中国貨幣（金融）政策執行報告」2009年第4四半期，2010年2月11日。

省」している[6]。

　当時の日本において，国内からは円高への懸念，米国からは経常黒字縮小と
内需拡大の要請があった。また，インフレは落ち着いていたため，金融引き締
めに対する世論の反対が根強く，資産バブルへの対応が遅れてしまった。金融
引き締めがスタートしたのは資産価格の急激な上昇が始まってから3年以上
経った1989年5月であった。日経平均はプラザ合意の1985年9月末から
1989年4月末の間に約2.7倍に，東京圏商業地地価も1985年から1988年の間
に約2.5倍になった。引き締めがスタートしてからも，株価は半年以上，地価
は2年以上さらに上昇を続けた。

　中国では，不動産価格が急騰している上，CPIで見たインフレ率も2009年
の－0.7％から2010年2月には2.7％（前年比）に加速している。中国ではイ
ンフレ率がGDP成長率に3四半期ほど遅行するという傾向が観測されてい
る。景気の急回復（2009第4四半期GDP成長率は10.7％）を受けて，インフ
レ圧力は今後さらに高まると予想される。バブルの膨張とインフレの高騰を防
ぐために，利上げを含む金融政策の「出口戦略」が適時に実施されることが求
められている。

3.4　流動性膨張の原因となる外為市場への介入

　最後に，中央銀行の政策の重点を為替レートの安定に置こうとすると，外為
市場への介入が必要となり，これにより金融政策の独立性が大幅に制約される
ことになる。

　日本では，プラザ合意を受けて円高が進行した。1987年2月にドル高是正
という目標が達成されたという認識の下で，G7参加国間でドルの安定を目指
す「ルーブル合意」が交わされたことをきっかけに，日銀は積極的にドル買い
介入を行うようになった。これは，金融緩和とともに，流動性，ひいては資産
バブルの膨張に拍車をかけた。このように，バブル経済が発生した原因は，円
高そのものではなく，円高を阻止するための外為市場への介入と，円高に伴う

6　翁邦雄，白川方明，白塚重典，「資産価格バブルと金融政策：1980年代後半の日本の経験とその
教訓」，*IMES Discussion Paper Series* No. 2000-J-11, 日本銀行金融研究所，2000年。

デフレ圧力を和らげるための金融緩和にあると理解すべきである。

　中国においても「元高」を抑えるための外為市場への介入が流動性膨張の一因となっている。経済を安定化させるために，為替レートに柔軟性を持たせることを通じて，金融政策の独立性を高めていかなければならない。人民元の対ドルレートは 2008 年 7 月以降，危機対応の一環として，ほぼ固定されてきたが，危機が収まった今，金融政策と同様に，為替政策についても出口戦略を用意しておく必要がある。言うまでもないことだが，これは米国から圧力があったからではなく，中国自身のために行うべきことである。

第Ⅳ部

注目されるチャイナ・マネーの行方
——外貨準備の運用から対外直接投資へ——

　中国は，長年にわたって大幅な経常収支黒字を記録しており，これを原資に巨額に上る対外純資産を形成している。国際金融市場において，チャイナ・マネーの存在感は高まっている。

　しかし，外貨準備を中心に対外資産が収益性の低い債券に集中している一方で，対外負債はコストの高い直接投資が中心となっているため，中国は，純債権国であるにもかかわらず，投資収益収支が赤字になっており，投資収益率を向上させることは急務となっている（第9章）。

　対外資産の収益率を上げるために，中国政府は，① ソブリン・ウェルス・ファンドを設立し，②「一帯一路」構想とシルクロード基金やアジアインフラ投資銀行（AIIB）など，それを金融面から支援する仕組みの構築を進め，③ 中国企業の対外直接投資を奨励している。今後，資本取引の自由化が進むにつれて，民間による証券投資も大幅に増えると予想される（第10章）。

　近年，中国の対外直接投資は，政府の後押しを受けて，急速に増えてきた。しかし，所期の効果を上げるためには，中国企業自身の実力不足や，米国をはじめとする投資先における規制強化など，乗り越えなければならない課題が依然として多い（第11章）。

第 9 章

金融超大国となった中国

経済産業研究所　中国経済新論：実事求是,「金融超大国となった中国—注目されるチャイナ・マネーの行方—」2013 年 7 月 3 日より抜粋。

中国の対外純資産は年々増え続け, 2012 年末には 1.74 兆ドルに達し, 日本の 3.43 兆ドルに次ぐ世界第 2 位の規模となっている。予想される中国における資本取引の自由化の進展を合わせて考えると, チャイナ・マネーは国際金融市場の動向を左右する要因としてますます重要になってくるだろう。

1. 恒常化する「双子の黒字」

対外純資産は経常収支黒字の累積によって形成されるものである。経常収支は概念的に, GDP ベースの国内貯蓄から国内投資を引いた純輸出（外需）とほぼ一致している[1]。中国では, 1994 年以来, 貯蓄率（貯蓄の対 GDP 比）が一貫して投資比率（投資の対 GDP 比）を上回っていることを反映して, 経常収支は黒字基調を続けており, 対 GDP 比で見ると, ピークだった 2007 年には 10.6％に達した（図表 9-1）。

中国では, 経常収支だけでなく, 資本収支も実態ベースでは黒字基調を続けている[2]。この「双子の黒字」の累積を背景に, 外貨準備は年々増え続けてい

---

[1]　国内貯蓄は, GDP から消費を引いたものである（ただし, 消費と貯蓄には民間だけでなく政府の分も含まれている）。また, 経常収支には海外からの要素所得収支と移転収支が含まれているが, GDP ベースの純輸出にはこれらの項目が含まれていない。

[2]　2012 年の資本収支は 1992 年以来, 初めて赤字（純流出）に転じた。しかし, 金利裁定と為替投機のための大量の資金が, 資本規制を避けるために, 貿易取引を装って流入していることが確認されている。これにより一部の資本収支の黒字が経常収支の黒字として計上されてしまう形で国際収支統計が歪められていることを考慮すれば, 実態として, 資本収支の黒字, ひいては「双子の黒字」の基調は依然として変わっていないと思われる。

図表 9-1　投資–貯蓄バランスから見る中国における経常収支の変化

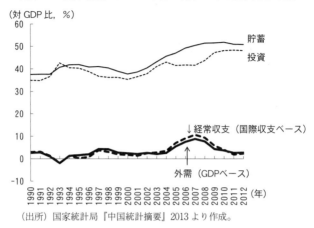

（出所）国家統計局『中国統計摘要』2013 より作成。

図表 9-2　中国における国際収支の「双子の黒字」

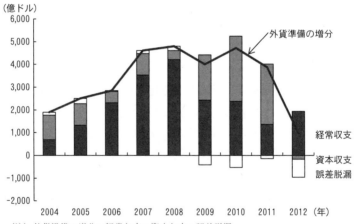

（注）外貨準備の増分＝経常収支＋資本収支＋誤差脱漏。
（出所）国家外為管理局「国際収支バランス表」より作成。

る（図表 9-2）。その規模は，2012 年末現在，3.39 兆ドルと日本を上回る世界第 1 位となっている。

２．日本と大きく異なる中国の対外資産負債の構造

　中国と日本は共に巨大な純債権国だが，対外資産と負債の構造が次の点において大きく異なっている（図表9-3）。

　まず，資産の面では，日本の場合，民間による証券投資のウェイトが高いが，中国の場合，政府による外貨準備の運用が中心となっている。2012年末，中国の対外資産の内，外貨準備が3.39兆ドルに上り，全体の65.5％を占めている。対外直接投資と証券投資は，近年増えているとは言え，水準としてまだ低く，それぞれ全体の9.7％と4.6％にとどまっている。これに対して，日本の対外資産に占める証券投資のシェアは46.1％に上っており，外貨準備の16.5％と直接投資の13.6％を大幅に上回っている。

　一方，負債の面では，日本の場合，証券投資のウェイトが高いのに対して，中国の場合，直接投資が中心である。直接投資の流入は，資金提供だけでなく，技術移転を通じて中国の経済発展に大きく寄与してきた。2012年末，中国の対外負債の内，対内直接投資は2.16兆ドルと，全体の62.8％に上ってお

図表9-3　中国の対外資産負債残高（2012年末）─日本との比較─

		中国		日本	
		金額（億ドル）	シェア（％）	金額（億ドル）	シェア（％）
資産		51,749	100.0	76,680	100.0
	直接投資	5,028	9.7	10,405	13.6
	証券投資	2,406	4.6	35,347	46.1
	外貨準備	33,879	65.5	12,681	16.5
	その他	10,436	20.2	18,248	23.8
負債		34,385	100.0	42,353	100.0
	直接投資	21,596	62.8	2,063	4.9
	証券投資	3,364	9.8	20,911	49.4
	その他	9,425	27.4	19,379	45.7
対外純資産		17,364	─	34,328	─

　（出所）国家外為管理局「2012年末中国対外資産負債残高表」，日本財務省「平成24年末本邦対外資産負債残高」より作成。

り，証券投資の9.8％を大きく上回っている。一方，日本の対外負債の内，証券投資のシェアは49.4％に上っているのに対して，対内直接投資のシェアは4.9％にとどまっている。

3. 課題となる投資収益率の向上

　同じ表9-3から読み取れるように，両国の対外資産と負債の構造の違いは，次の点においても顕著である。まず，日本では対外直接投資が対内直接投資を大幅に上回っているのに対して，中国では逆である。また，証券投資において，日本は資産超過になっているのに対して，中国は負債超過の状況にある。さらに，中国は，2012年末の対外純資産が日本の半分程度しかないのに，外貨準備が日本の2.7倍に上っている。外貨準備の主な運用対象となる米国債の保有量も1.22兆ドルと，日本（1.11兆ドル）を上回っている[3]。

　このように，中国の対外資産は，外貨準備を中心に，収益性の相対的に低い債券に集中している一方で，対外負債はコストの高い直接投資が中心となっている。そのため，純債権国であるにもかかわらず，投資収益の支払いが受け取りを上回っており，2012年の投資収益収支は574億ドルの赤字になっている。実際，2012年の中国の対外投資の収益率は3.0％と，対内投資の6.6％を大幅に下回っていると推計されている[4]。対外資産の構造を変えることを通じて，投資収益率を向上させることは，中国にとって急務となっている。

3　U.S. Department of the Treasury, *Treasury International Capital System.*

4　2011年末の中国の対外資産が47,345億ドル，2012年の投資収益の受け取りが1,434億ドルをベースに計算すると，対外資産の収益率は3.0％となる。同じように，2011年末の中国の対外負債が30,461億ドル，2012年の投資収益の支払いが2,008億ドルをベースに計算すると，対外負債の収益率は6.6％となる（対外資産と負債は国家外為管理局，「2012年末中国対外資産負債残高表」，投資収益は同「2012年中国国際収支報告」による）。

第 10 章

「発展段階説」から見た中国の国際収支
——「債務返済国」から「未成熟債権国」へ

経済産業研究所　中国経済新論：実事求是，2015 年 7 月 17 日より抜粋。

　中国は，2014 年末に対外純資産が 1.78 兆ドルに上り，日本（同 3.04 兆ドル）に次ぐ世界第 2 位の純債権国である。それにもかかわらず，外貨準備の運用を中心とする対外資産の収益率（受け取り）が対内直接投資を中心とする対外負債の収益率（支払い）を大幅に下回っているため，投資収益収支が赤字となっている。対外資産の収益率を上げるために，中国政府は，① ソブリン・ウェルス・ファンドを設立し，②「一帯一路」構想とシルクロード基金やアジアインフラ投資銀行（AIIB）など，それを金融面から支援する仕組みの構築を進め，③ 中国企業の対外直接投資を奨励している。今後，資本取引の自由化が進むにつれて，民間による証券投資も大幅に増えると予想される。

1．「国際収支発展段階説」に基づく分析

　2014 年の中国における対外資産の収益率は 3.0％，対外負債の収益率は 5.6％と推計され，前者は後者を大きく下回っている（図表 10-1）。これを反映して，中国は対外資産が対外負債を上回るという意味において純債権国であるにもかかわらず，同年の投資収益収支が 598 億ドルの赤字になっている。

　「国際収支発展段階説」によると，一国の国際収支は，「経常収支」とそれを構成する「貿易収支」（財とサービス収支）と「投資収益収支」の三つの項目が，それぞれプラス（黒字）か，マイナス（赤字）かという組み合わせによって，①「未成熟の債務国」，②「成熟した債務国」，③「債務返済国」，④「未成熟の債権国」，⑤「成熟した債権国」，⑥「債権取り崩し国」の 6 つのパター

図表 10-1　中国における対外資産と負債の収益率（2014 年）

	資産側	負債側
元本（a） （億ドル）	61,974	43,112
投資収益（b） （億ドル）	1,831	2,429
収益率（b/a） （％）	3.0	5.6

　　（注）元本は 2013 年末と 2014 年末の対外資産または負債のそれぞれの平均値。
　　　　　投資収益は資産側の場合，投資収益の受け取り，負債側の場合，同支払い。
　　（出所）国家外為管理局，元本は「中国対外資産負債残高表（時系列データ）」，
　　　　　　投資収益は「中国国際収支バランス表（時系列データ）」に基づき試算。

図表 10-2　国際収支発展の 6 つの段階

	貿易収支	経常収支	投資収益収支
1.　未成熟の債務国	－	－	－
2.　成熟した債務国	＋	－	－
3.　債務返済国	＋	＋	－
4.　未成熟の債権国	＋	＋	＋
5.　成熟した債権国	－	＋	＋
6.　債権取り崩し国	－	－	＋

　　（注）経常収支＝貿易収支＋投資収益収支。
　　（出所）Crowther, G., *Balances and Imbalances of Payments*, Harvard University Press, 1957 よ
　　　　　　り作成。

ンに分類することができ，経済発展の過程において，① から⑥ という順番を
経ていくものである（図表 10-2）。それに沿って言えば，現在，中国は「経常
収支」と「貿易収支」が黒字だが，「投資収益収支」が赤字である「債務返済
国」の段階にある。

　中国は対外資産が対外負債を上回っているにもかかわらず投資収益収支が赤
字になっているのは，資産側では収益率の低い米国債を中心に運用される外貨
準備のシェアが高く（2014 年末には全体の 60.8％），逆に負債側では資金コス
トの高い対内直接投資（2014 年末には全体の 57.8％）が中心となっているか
らである。

２．投資収益率の向上に向けた取り組み

　中国は，対外資産の収益率を高めるために，資産側において，外貨準備の
シェアを抑える一方で，他の資産のシェアを上げなければならない。それに向
けて，政府は，近年，次のような一連の取り組みを進めている。

　まず，2007 年に，一種のソブリン・ウェルス・ファンドである中国投資有
限責任公司（CIC）を設立し，米国債から他の通貨と金融資産への分散投資を
図った。CIC の「2013 年年度報告」によると，2013 年末現在，対外投資の中
で，債券投資のシェアが 17.0％にとどまっており，上場企業の株式の 40.4％を
はじめ，よりリスクの高い投資対象のシェアが高くなっている。この分散投資
の戦略が功を奏し，CIC の対外資産運用の収益率は，2013 年に年率 9.3％，
2008 年から 2013 年までの累計で同 5.7％と，ベンチマークとなる米国債の金
利（10 年物）はもとより，中国全体の対外資産の収益率を大きく上回ってい
る（図表 10-3）。もっとも，収益率が高くなった分，投資のリスクも大きく

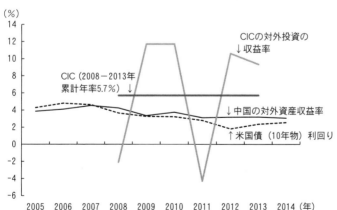

図表 10-3　CIC の対外資産運用の収益率の推移
　　　　　─中国の対外資産全体の収益率と米国債（10 年物）の利回りとの比較─

（出所）国家外為管理局，中国投資有限責任公司「2013 年年度報告」，U.S.
　　　　Department of the Treasury より作成。

なっており，収益率の激しい変動はその表れである。

　また，中国は「一帯一路」構想と途上国への金融支援を中心とする中国版マーシャル・プランを進めている。具体的に，シルクロード基金に100億ドル，AIIBに298億ドル，新開発銀行（NDB）に100億ドルを出資する予定である。これらが呼び水となり，より多くの対外投資が誘発されるだろう（BOX10-1）。

　さらに，政府は中国企業による対外直接投資を奨励している。中国は，長い間，直接投資を受け入れることを通じて海外の資金と技術を入手し，これをテコに高成長を遂げてきた。その一方で，中国企業による対外直接投資は，資本規制の一環として厳しく制限されたこともあって，小規模にとどまっていた。しかし，近年，中国企業の実力の向上に加え，政府の後押しもあり，対外直接投資が急速に増えてきた。2004年末から2014年末にかけて，対外直接投資の残高は，527億ドルから7,443億ドルに上昇し，対外資産に占めるシェアも5.7％から11.6％に上昇している（図表10-4）。このように，直接投資の流れは，これまで見られたもっぱら「海外から中国へ」という一方通行から，よりバランスの取れた双方向に変わりつつある。

　直接投資とは対照的に，対外資産に占める外貨準備のシェアはピークだった2009年の71.4％から2014年には60.8％に低下してきている。

図表10-4　中国の対外資産に占める主要項目のシェアの推移

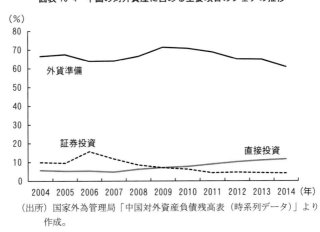

（出所）国家外為管理局「中国対外資産負債残高表（時系列データ）」より作成。

　クロスボーダーの証券投資に関しては，現段階では，適格海外機関投資家
（QFII）制度，適格国内機関投資家（QDII）制度，上海・香港ストックコネク
ト（中国語は「滬港通」）が導入されるなど，部分開放が実施されているとは
言え，限度額は依然として小さいゆえに，証券投資の対外資産と対外負債に占
めるウェイトはいずれも低水準にとどまっている。しかし，今後，資本取引の
自由化の一環として，対内・対外証券投資に課せられている限度額が拡大さ
れ，最終的に撤廃されると予想されることから，中国の証券市場は海外投資家
にとって重要な投資先となる一方で，中国の投資家による海外への証券投資も
大幅に増えると予想される。

　このような投資行動とそれに伴う対外資産構成の変化は，中国の対外資産の
収益率の改善につながるだろう。経常収支の黒字基調が今後も維持されること
を反映して対外純資産が増え続けると予想されることも加わり，中国の投資収
益収支はやがて赤字から黒字に転換するだろう。「国際収支発展段階説」に従
えば，中国は，「債務返済国」の段階から，「貿易収支」，「経常収支」，「投資収
益収支」が共に黒字である「未成熟の債権国」の段階に向かっていると見られ
る。

BOX 10-1　中国主導で相次いで設立される国際開発金融機関：既存の国際金融秩序への挑戦になるか

経済産業研究所　中国経済新論：世界の中の中国，2015 年 3 月 4 日。

　中国は，習近平政権の下で，従来の「韜光養晦」（目立たずに力を蓄える）
という方針を大きく転換し，より積極的な外交を展開するようになった。その
一環として，自らの主導で，NDB や AIIB など，新しい国際開発金融機関の
設立を進めている。

　まず，2014 年 7 月 15 日，中国，ブラジル，ロシア，インド，南アフリカの
新興 5 ヵ国（BRICS）はブラジルのフォルタレザで開催された首脳会談で，
NDB と外貨準備基金の創設に関する合意文書に調印した。NDB の資本金は当
初 500 億ドルで，5 ヵ国が均等に出資。最終的には 1,000 億ドル規模への拡大
を目指す。本部は上海に置く。初代総裁はインドから出すが，今後，BRICS
各国が順番で担当することになっている。外貨準備基金は 1,000 億ドルの規模
で，中国が 410 億ドル，インド，ロシア，ブラジルがそれぞれ 180 億ドル，南
アフリカが 50 億ドルを拠出する。NDB と外貨準備基金の関係は，世界銀行と
国際通貨基金（IMF）の関係に似たようなものになると考えられる。

次に，習近平国家主席が2013年10月に東南アジア歴訪中に提唱したAIIB
は，2014年10月24日に，中国，インド，シンガポールをはじめとする21ヵ
国の代表が北京で設立に関する覚書に調印した。その後，インドネシア，
ニュージーランドなども加わり，2015年1月現在，メンバーの数は27ヵ国に
達している。AIIBの法定資本金は1,000億ドルとし，当初は500億ドル規模
から始める。出資比率は，各国のGDP規模を反映させるように決め，中国は
最大の出資国となる。本部は北京に置く。

そして，上海協力機構開発銀行，上海協力機構発展基金の設立も検討されて
いる[1]。

中国政府による公式の説明では，これらの機関を設置する狙いは，資金不足
に直面している発展途上国のインフラ建設と持続可能な発展を促進することで
あるが，アジア及び世界における中国の影響力を高めるという狙いもあろう。
これに対して，米国は，中国がNDBとAIIBをテコに既存の国際金融体制を
揺るがそうとしていることを懸念している[2]。実際，米国は一部の国に，AIIB
に参加しないよう説得していたと伝えられている[3]。米国の圧力を受けたせい
か，日本，韓国，オーストラリアといった有力な候補は設立計画への参加を見
送った。

米国のこのような疑念に対して，中国は次のように答えている[4]。

まず，中国財政部の関係者によると，NDBは，インフラ建設及び持続可能
な発展を促進するという役割において，現行の多国間及び地域の開発銀行と相
互補完する。その上，NDBの設立は，BRICS諸国の国際経済事務における影
響力と発言権を強めながら，グローバル経済ガバナンスシステムの公正で合理
的な方向への発展を促進することができる[5]。

また，中国財政部の楼継偉部長は，世界銀行とアジア開発銀行（ADB）な
ど，既存の国際開発金融機関が主に貧困削減を目指しているのに対して，
AIIBがアジアにおけるインフラ建設の推進を主要業務としていることから，
両者は競争関係ではなく，相互補完関係にあると強調している。その上，中国
はAIIBを強力に支援するため，50％まで出資する意向を示していたが，必ず
しも50％にこだわることなく，参加国が増えることにより，中国の出資率は
下がっても構わないと説明している[6]。

しかし，NDBとAIIBが期待されているこのような効果を上げることがで
きるかどうかを判断するのは時期尚早である。NDBに関して，政治・経済状
況が大きく異なるBRICS5ヵ国が一緒に協力し合うことは，決して容易ではな
い。一方，AIIBに関しては，圧倒的な力を持つ中国がその立場を利用し，
もっぱら自国の利益を追求することがないかが懸念される。これらの課題を克
服することは，両機関が成功するための前提条件となろう。

---

1 NDBとAIIBとは別に，2014年11月8日に，習近平国家主席は中国が400億ドルを出

資してシルクロード基金を設立すると発表した（習近平，「コネクティビティー・パートナーシップ会議」での演説）。同基金は，同年 12 月 29 日に正式に発足した。ただし，NDB と AIIB と違って，国際機関の形をとらず，中国人民銀行が管轄し，外貨準備の他，中国投資有限責任公司（CIC）では，国家開発銀行などが出資している（「シルクロード基金の運営が始まった」，中国人民銀行ウェブサイト，2015 年 2 月 16 日）。

2　Ratner, Ely, "Making Bank － Why China's New Infrastructure Bank Represents a Challenge to the Global Order," *foreignpolicy.com*, October 23, 2014.

3　Perlez, Jane, "U.S. Opposing China's Answer to World Bank," *The New York Times*, October 9, 2014.

4　IMF と世界銀行を中心とする既存の国際金融秩序に異論を唱えてきたノーベル経済学賞受賞者であるコロンビア大学の J・E・スティグリッツ教授も，中国が主導する新しい国際開発金融機関の設立を支持している（Stiglitz, Joseph E., "The Chinese Century," *Vanity Fair*, January 2015）。

5　「BRICS 開発銀行発足は一里塚としての意義がある」，新華社，2014 年 7 月 15 日。

6　「財政部長楼継偉がアジアインフラ投資銀行の設立準備について語る：世界経済の発展のウィンウィンに寄与」，新華網，2014 年 10 月 24 日。

第 11 章

対外投資大国への険しい道

　中国は，2001 年の世界貿易機関（WTO）加盟を経て，政府が積極的に対外直接投資を推し進めるようになった。投資の目的は，当初，国有企業による海外の資源獲得が中心だったが，その後，銀行による顧客の海外業務への支援や，民営ハイテク企業による技術獲得に及んでいる。一般的に，債券を中心に運用される外貨準備と比べて，直接投資は収益率が高い分，リスクも高い。特に中国の場合，企業が海外に進出する経験がまだ浅く，投資先における厳しい制限も加わり，所期の効果を上げることが難しい。

1. 本格的「走出去」は時期尚早：問われる中国企業の実力

経済産業研究所　中国経済新論：世界の中の中国，2004 年 9 月 8 日。

　このところ，上海電気がアキヤマ印刷機製造や池貝を買収し，三九製薬がカネボウの医薬品事業の買収に名乗りを上げるなど，中国企業による日本への対外直接投資が話題を呼んでいる。中国経済が目覚しく台頭し，政府も「走出去」を旗印に企業の対外進出を奨励し始める中で，1985 年のプラザ合意の後の日本企業のように，中国企業による直接投資が急速に増えると予測する評論家も一部いる。しかし，中国企業の実力は，規模はもちろんのこと，経営や技術開発などの面において，多国籍企業にはまだ遠く及ばないことから，中国企業が世界の直接投資の担い手になる条件をまだ満たしていないことは明らかである。現段階では，中国企業にとって，対外直接投資は貿易摩擦を解消するための手段にさえならない。

1.1　依然として大きい多国籍企業との距離

　中国企業の海外進出はまだ始まったばかりであり，先進諸国と比べて発展途上にあると言わざるを得ない。

　まず，投資規模が小さいことである。国連貿易開発会議（UNCTAD）が発表する『世界投資報告 2003 年版』によると，2002 年における中国の対外直接投資額は 28.5 億ドルであり，流入額の 5.4％にすぎない。また，財務省の「対外及び対内直接投資状況」によると，2003 年度中国企業による対日直接投資は計 20 件，総額は 3 億円にとどまっており，その規模は 2 兆円を超える日本の対内直接投資の 0.01％にすぎない。

　第二に，進出産業・地域において先進諸国と対照的になっている。中国企業は，現地での生産や販売を目的としない貿易促進型の投資を多く行っており，その投資先も先進国ではなく，東南アジア，アフリカ，中南米など発展途上国が中心である。これは，国境を越えて研究開発や生産と販売といったサプライチェーンの各部分を有機的に結びつける機能を形成している先進国の多国籍企業とは対照的である。

　第三に，その大部分を国有企業が占めており，民営企業の進出規模は小さい。この現象は，2004 年，ビジネス誌『フォーチュン』が発表した世界の 500 社にランクされた 14 社の中国企業がすべて国内において強い独占力を持つ国有企業であることを考えれば，容易に理解できる[1]。しかし，これらの国有企業は国際競争力のある製品やサービスを供給できず，海外へ投資する主な目的も輸出の促進より資源の確保にある。

　最後に，進出方式・目的が大きく異なることである。多国籍企業の対外投資の方法としては，新規プロジェクトへの投資よりむしろ他国企業の買収が頻繁に行われるようになっているが，中国企業の対外投資では基本的に単独資本を中心にゼロからプロジェクトを作り上げる方法が中心となっている。また，先進国の多国籍企業の目的が，各地域の比較優位を生かし，より大きな利潤を獲

1　"2004 Global 500," *Fortune, July* 26, 2004.

得することであるのに対し，中国企業の目的は主に，海外の経営や情報，製品の規格を学習するためである場合が多い。

製造業に限って言えば，国際市場における企業の優位性は，同じ機能の製品を安く生産できるというコスト面での優位性，同種の製品の機能が他よりも優れているという製品の優位性，そして，消費者が他と比べてその企業を信頼してくれるというブランド力の優位性の三つに集約される。この中で，中国企業は国内の低賃金を武器に労働集約型製品において強い競争力を持っている。しかし，先進国に進出する場合，このコスト面での優位性は失われてしまい，海外進出の対象を発展途上国に限定しなければならないのである。一方，製品・ブランド力の優位性の確立はかなり難しい。実際，ほとんどの中国企業は研究開発能力や技術に基づく製品の優位性が弱く，技術革新の主体にはなっていない。そのため，中国の製造業における対外投資も途上国への加工貿易型が中心で，製品もローエンド市場にとどまっている。確かに，ハイアールのように，自社ブランドを確立するために，米国で工場を建てるなど，積極的に対外直接投資を行おうとする企業も現れ始めているが，まだそれに見合った収益を得られていないようである。

1.2　貿易摩擦は対外直接投資増につながらない

現在の中国企業が行っている対外直接投資の実情は，国際市場における中国製品の優位性が欠けていることに大きく影響を受けている。しかし，原因はそれだけではなく，中国国内の経済環境も少なからず作用している。実際，中国では高度経済成長や，資本規制の緩和傾向，さらには為替レートの上昇圧力が企業の海外進出を促進する要因として働いており，1970年代当時の日本企業がおかれていた状況と類似している。日本ではブレトン・ウッズ体制崩壊と石油価格の高騰を受けて，製造業による生産コスト削減や資源の安定的な確保を目指して資源開発投資が盛んになった。現在，中国企業は鉄鉱石や石油などの確保を目指したブラジル企業との合弁を盛んに行っている。

日本では1980年代になってくると，貿易摩擦回避のための現地生産（その典型例は米国への自動車産業での投資）が増え，資源開発型投資のシェアが低

下した。しかし，中国は現在貿易摩擦に直面しているにもかかわらず，これを
回避するための直接投資がほとんど行われていない。この現状は中国がいまだ
に安い人件費を生かした労働集約型産業に優位性を持っていること，さらには
中国企業が海外で通用する技術やブランドを持っていないことと関連してい
る。例えば，労働集約型製品の場合，輸出先である先進国への生産移転は生産
コストの高騰を意味し，採算が取れなくなる。自動車のような技術集約的分野
においては，中国の国内市場さえ完全に外資企業に占領された状態になってお
り，中国企業による海外への生産移転はまったく考えられない。半導体におけ
る米中摩擦も，中国の対米輸出が問題とされているのではなく，中国で差別を
受けているとされる米国の対中輸出を巡るものであり，中国企業の対米進出に
よって解決するという次元の話ではない。

　中国政府は企業の海外進出を推し進めてはいるものの，進出した中国企業が
国際競争で生き残れない限り所期の目的は達成できない。現時点において，中
国企業の実力はまだ多国籍企業のレベルには到底及ばず，日本企業に脅威を感
じさせるものではない。中国企業が本当に海外を席巻したと言えるようになる
には，政府の保護によらずに急速に成長してきた多くの民営企業が，自前の技
術とブランドを持つようになり，フォーチュン 500 にランクインする時期を待
たなければならないだろう。

2．本格化する中国企業の対外直接投資： 企業行為か，それとも政府行為か

経済産業研究所　中国経済新論：世界の中の中国，2008 年 2 月 5 日。

　中国は，これまで直接投資を受け入れることを通じて海外の資金と技術を入
手し，これをテコに高成長を遂げてきた。その一方で，中国企業による対外直
接投資は，資本規制の一環として厳しく制限されたこともあって，非常に小規
模にとどまっていた。しかし，近年，中国企業の実力の向上に加え，政府の後
押しもあり，対外直接投資が急速に増えてきた。その額は 2006 年には 212 億
ドル（世界ランキング第 17 位）に達し，対内直接投資（695 億ドル，世界ラ

ンキング第5位）とのギャップが縮まっている（図表11-1）。業種別では，鉱業がリース・ビジネスサービスに取って代わってトップの座に就いている（図表11-2）。グリーンフィールド（企業が自ら新しい事業を立ち上げる）投資に加えM&A（合併・買収）という形での投資も増えており，特に資源獲得のための国有企業による大型案件が目立っている。それゆえに，海外では，これらの投資は，通常の企業行為というよりも，中国の外交政策をサポートするための政府行為ではないかと警戒されている。

図表 11-1　直接投資の流入と流出国・地域の世界ランキング（2006 年）

	流入			流出	
順位	国・地域	金額（億ドル）	順位	国・地域	金額（億ドル）
1	米国	1,754	1	米国	2,166
2	英国	1,395	2	フランス	1,150
3	フランス	811	3	スペイン	897
4	ベルギー	720	4	スイス	815
5	中国	695	5	英国	795
6	カナダ	690	6	ドイツ	794
7	香港	429	7	ベルギー	630
8	ドイツ	429	8	日本	503
9	イタリア	392	9	カナダ	452
10	ルクセンブルグ	293	10	香港	435
11	ロシア	287	11	イタリア	420
12	スウェーデン	272	12	ブラジル	282
13	スイス	251	13	スウェーデン	246
14	シンガポール	242	14	オランダ	227
15	オーストラリア	240	15	オーストラリア	223
16	トルコ	201	16	アイルランド	221
17	スペイン	200	17	中国	212
18	メキシコ	190	18	ロシア	180
19	ブラジル	188	19	イスラエル	144
20	サウジアラビア	183	20	ノルウェー	103

（出所）UNCTAD, *World investment Report 2007*,「2006 年度中国対外直接投資統計公報」，国家統計局『中国統計年鑑』より作成。

図表 11-2　中国対外直接投資産業別構成（フロー，2006 年）

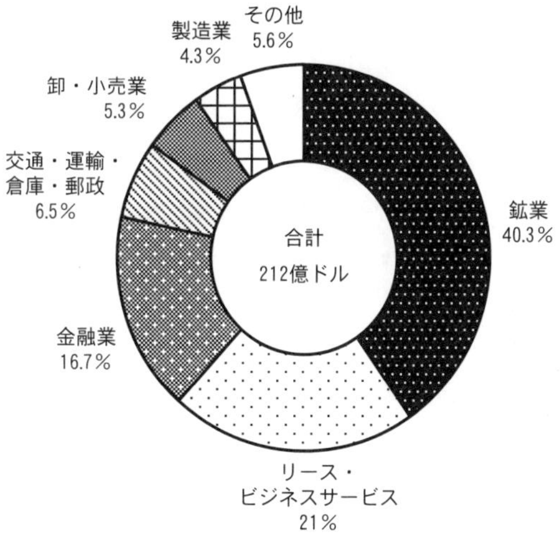

製造業
4.3％

その他
5.6％

卸・小売業
5.3％

交通・運輸・
倉庫・郵政
6.5％

金融業
16.7％

リース・
ビジネスサービス
21％

合計
212億ドル

鉱業
40.3％

（出所）中国商務部，国家統計局，国家外為管理局，
「2006 年度中国対外直接投資統計公報」より作成。

2.1　国策としての「走出去」戦略

「走出去」戦略は，第 10 次五ヵ年計画（2001-2005 年）で初めて提起され，第 11 次五ヵ年計画（2006-2010 年）にも受け継がれている。また，胡錦濤総書記による中国共産党第 17 回全国代表大会における報告（2007 年 10 月 15 日）においても，「対外投資と協力方式のイノベーションを行い，企業の研究・開発，生産，販売などの面における国際化運営をサポートし，わが国の多国籍企業及び世界的に著名なブランドの育成を加速する。エネルギー資源の国際的な互恵協力を精一杯行う。」と強調されている。そのために，多くの方策が打ち出されている。

商務部の専門家を中心にまとめた「中国企業国際化戦略報告 2007」（2007 年 11 月）によると，対外直接投資の狙いは具体的に，次のようなものである。

①国内の資源不足の緩和

中国では工業化，中でも重化学工業の進展に伴い，今後エネルギーをはじ

めとする資源の不足はさらに深刻になっていくものと考えられる。それゆえに，企業の国際化を進め，海外の資源を活用する必要がある。

②過剰生産能力の解消と産業の高度化

　投資の拡大により，中国は多くの業種において生産能力が過剰になっている。グローバルな産業再編や海外への産業移転は，その過剰生産能力の解消に役立つと期待されている。これをテコに土地や人材など，国内資源の新しい成長産業への再配分が促される。

③貿易摩擦の緩和

　中国の輸出は，常に外国の保護貿易主義の脅威に晒されている。貿易摩擦を回避しつつ，海外市場を開拓していくために，経営の国際化や対外直接投資の拡大が必要になっている。

④国際収支不均衡の是正

　資本流出の一種である対外直接投資の拡大は，国際収支黒字を減らし，ひいては人民元の切り上げ圧力とそれに伴う過剰流動性を軽減させる。

⑤競争力のある多国籍企業の育成

　中国は経済大国から経済強国へ，メイド・イン・チャイナ（「中国製造」）からイノベーション・イン・チャイナ（「中国創造」）への転換を目指している。そのためには，企業は海外の経営手法を学ぶことや，海外の販売網を確保することだけでなく，ブランド力と研究開発能力を向上させなければならない。このような能力を備えた多国籍企業を目指すべく，中国企業はあえて激しい国際競争に参入し，これを通じて，実力を磨く必要がある。

2.2　「走出去」戦略は成功するか

　このように，中国企業の対外直接投資は，純粋に利潤極大化のための企業行為ではなく，産業政策や安全保障といった中国政府の意図も反映している。実際，対外直接投資を行っている企業の上位 20 社はすべて国有企業であり，中でも，中国石油化工，中国石油天然ガス，中国海洋石油をはじめとする，中央政府直轄の大型国有企業が中心となっている（図表 11-3）。これに対して，海

図表 11-3　中国対外直接投資上位 20 社（ストック，2006 年末現在）

順位	企業名	所有形態
1	中国石油化工集団公司	国有（中央企業）
2	中国石油天然ガス集団公司	国有（中央企業）
3	中国海洋石油総公司	国有（中央企業）
4	華潤（集団）有限公司	国有（中央企業）
5	中国移動通信集団公司	国有（中央企業）
6	中国遠洋運輸（集団）総公司	国有（中央企業）
7	中国中信集団公司	国有
8	中糧集団有限公司	国有（中央企業）
9	招商局集団有限公司	国有（中央企業）
10	中国中化集団公司	国有（中央企業）
11	中国建築工程総公司	国有（中央企業）
12	中国航空集団公司	国有（中央企業）
13	中国電信集団公司	国有（中央企業）
14	中国海運（集団）総公司	国有（中央企業）
15	中国網絡通信集団公司	国有（中央企業）
16	広東粤港投資控股有限公司	国有
17	中国電力投資集団公司	国有（中央企業）
18	上海汽車工業（集団）総公司	国有
19	中国化工集団公司	国有（中央企業）
20	中国五礦集団公司	国有（中央企業）

（注 1）金融業は除く。
（注 2）中央企業とは，国有資産監督管理委員会が直轄する大型国有企業のこと。2008 年 1 月現在計 150 社。
（出所）「2006 年度中国対外直接投資統計公報」（中国商務部，国家統計局，国家外為管理局）より作成。

　外からは懸念の声も聞こえてくる。現に，中国の国有企業による買収は，その背後に政府が存在することが障害となり，政治問題化したケースが目立っている。中国海洋石油による米国の大手石油会社であるユノカルの買収（2005 年）とレノボによる IBM のパソコン事業買収（2004 年）がその好例である。
　中国海洋石油はこの買収において，米国で採掘された天然資源を全部米国へ供給するなど，米国政府が求めるすべての条件を受け入れる意向を表明した上，185 億ドルの買収案を提示した。この金額は米国のもう一つの大手石油会社であるシェブロンが先に提案した 163 億ドルを上回るものであった。しか

し，この買収は失敗に終わった。この買収劇で焦点となったのは，まず，石油という天然資源は米国にとっても重要なものであり，安易に中国に渡すべきではないという点である。また，ユノカルはインドネシアにおける天然ガスの主要生産者であり，天然ガスの供給をインドネシアに大きく依存している台湾にとって，この買収が成立するかどうかは，安全保障にかかわる重要な問題である。さらに，中国海洋石油が国有企業であるため，政府から特別な支援を受けており，それが不公平な競争に当たるということも指摘された。

　一方で，レノボによる IBM のパソコン事業買収に当たっても，当初，中国側へ先端技術が流出してしまうことや，中国市場へのアクセスを失ってしまうことが懸念された。最終的に，買収は成立したが，その理由は，米国がレノボによる IBM 買収を認めれば，将来中国も米国政府の資本が入った企業による中国企業買収を認めざるを得なくなり，結果として国益になると判断されたからだ。しかし，この買収成立後，米国務省はスパイウェアなどによる機密情報の漏洩を懸念して同社のパソコン購入計画を撤回したため，レノボは大きな打撃を受けた。

　政治の壁に加え，中国企業自身の能力も対外投資を制約する要因となっている。対外直接投資は，相手の土俵に乗って戦うことを意味するだけに，進出側の企業は経営や，技術，人材，情報などの面において優位性を持たなければならない。残念ながら，国有か民営かを問わず，ほとんどの中国企業はこのような条件をまだ満たしていない。中国企業の海外での M&A が国際的に注目を浴びているが，期待される効果を上げるまで，当分，低収益，場合によっては赤字に甘んじる形で，「授業料」を払い続けなければならないだろう。

3. 本格化する中国資本の銀行の海外進出

経済産業研究所　中国経済新論：中国の産業と企業「新しい段階を迎える銀行業の対外開放―「来てもらう」から「出て行く」へ―」，2008年6月2日より抜粋。

　中国における銀行業の国際化は，外資系銀行の中国への進出が先行する形で進んできたが，近年，株式上場を経て，中国工商銀行や，中国建設銀行，中国

銀行をはじめとする中国資本の銀行は，支店開設や M&A を進めるなど，海外への進出を積極的に進めるようになった。

　まず，2007 年には中国資本の銀行による海外での支店，事務所の設立が相次いでいる。中国工商銀行のモスクワ支店，中国銀行の英国現地法人，交通銀行のフランクフルト支店，マカオ支店，中国建設銀行のシドニー代表処などである。同年 11 月，米国の金融管理当局は中国招商銀行のニューヨーク支店の設立を許可した。これは 1991 年に米国で「外国銀行監督強化法」が公布・施行されてから認可された初めての中国資本の銀行の営業機関となる。2007 年末までに，7 つの中国資本の銀行が海外で 60 の支店機構を設立しており，海外における資産総額は 2,674 億ドルに上っている。

　また，2007 年の中国資本の銀行による海外での M&A は，交渉中の案件も含めて，6 件に上った。その内訳は，中国工商銀行 4 件，中国民生銀行と国家開発銀行各 1 件である（図表 11-4）。

　中国の金融機関による初の海外での M&A は，1984 年 9 月に行われた中国銀行のマカオ大豊銀行の株式 50％の取得に遡り，その後も多く行われてきた。これまでと比べて，件数が多いことに加え，2007 年に中国の金融機関が海外で行った M&A には次のような新しい特徴が見られる。まず，国家開発銀行は Barclays 銀行に 22 億ユーロ（約 30 億ドル）資本参加し，中国工商銀行は南アフリカのスタンダード銀行の株式を買収し，取引金額は 54.6 億ドルに達しているように，投資規模が大きくなっている。また，これまで中国資本の銀行による海外での M&A は東南アジアに集中していたが，2007 年以降は，米

図表 11-4　中国資本の銀行による海外での M&A（2007 年）

時期	中国資本の銀行	M&A の対象	取引金額	出資比率
10 月 25 日※	中国工商銀行	南アフリカ　スタンダード銀行	54.6 億ドル	20％
10 月 8 日	中国民生銀行	米国　UCBH ホールディングス	3.17 億ドル	9.9％
9 月 13 日	中国工商銀行（アジア）	香港　IEC Investments Limited	0.18 億ドル	40％
8 月 29 日※	中国工商銀行	マカオ　誠興銀行	5.72 億ドル	79.93％
7 月 23 日	国家開発銀行	英国　Barclays 銀行	22 億ユーロ	3％
9 月	中国工商銀行	インドネシア　Halim 銀行	－	90％

（注）※は公表時期。
（出所）中国人民銀行，「2007 年国際金融市場報告」2008 年 3 月より作成。

国，ヨーロッパとアフリカなどの地域に広がっている。

　中国工商銀行の楊凱生頭取が指摘するように，中国資本の銀行にとって，海外進出は中国経済の対外開放の拡大と深化に対応し，コア競争力を向上させるための当然な選択である[2]。

　まず，中国資本の銀行が海外に進出する背景の一つは，中国が経済大国，貿易大国になったことである。中国企業はどんどん海外に出て行き，資金調達も販売もグローバル化している。急速に成長してきた中国の多国籍企業にとって，資金面のみならず，生産，経営，管理など，多くの面において，既に取引関係にある中国の金融機関によるサポートが必要である。

　第二に，多くの外資系銀行の中国への進出により，国内市場の国際化が進み，国内と海外の取引先，国内金融と国際金融の区別は曖昧になってきている。こうした中で，中国資本の銀行は，国際的なレベルでサービスを提供できなければ，ビジネス・チャンスを逃がすことになる。

　第三に，銀行資本の国際化はその経営管理の国際化を促している。既に中国工商銀行や中国建設銀行，中国銀行といった，いくつかの中国資本の銀行は海外での株式上場を通じて資本構造の国際化を実現している。これを受けて，各銀行は業績，ひいては株価が国際基準で評価されるようになりつつある。自らの投資価値を高めるために，優れた海外の銀行をモデルに経営管理を改善し，グローバルな視野で発展していかなければならない。

　最後に，業務の国際化はリスク分散につながる。中国資本の銀行にとって，国内市場がその主な利潤の源泉であるが，持続的な発展を実現するためには，経営の国際化を通じて国内外の景気変動から来るリスクを分散する必要がある。また，一部の中国資本の銀行は海外上場で多くの外貨資金を調達しており，海外でのM&Aといった外貨での資金運用を通じて，為替リスクを抑えることができる。

　その一方で，中国資本の銀行にとって，海外に進出することは，相手の土俵に乗って戦わなければならないことを意味し，成功するには，多くのハードルを乗り越えなければならない。

2　楊凱生,「21世紀アジア金融年次会議」でのスピーチ，2007年11月24日。

　まず，海外に進出する際，進出先の政治体制と情勢に大きく左右されるカントリーリスクに直面することは避けられない。政権の交替や法律法規の変更が，投資の失敗要因になりかねない。政治リスクは，保険などを通してある程度回避することができるが，さらに重要なのは投資先国に対する理解を深めることを通じて，リスクを予測する能力を高めることである。

　また，海外市場では，中国資本の銀行は，国内で享受してきた情報面の優位性を失ってしまう上，同業他社との激しい競争に晒されることになる。特に，資金や金融技術，グローバルネットワークなどの面において，先進国の銀行との差が歴然としている。国際業務に限っても，プロジェクト融資，シンジケートローンなど，大型の国際融資の分野において，中国資本の銀行は，競争相手と比べて，まだ経験もノウハウも不足している。

　最後に，海外に進出する中国資本の銀行は，地理的距離，慣れない環境，言葉といった壁を乗り越えるために，出張旅費，外国駐在員の生活費，医療保険料，翻訳費用など，多くの出費を強いられることになる。

　このような配慮から，中国銀行業監督管理委員会の劉明康主席は，海外進出を検討している銀行に対し，「事業戦略，管理，法律，財務，人的資源などの分野について包括的な検討を行う必要がある」と慎重な姿勢を求めている[3]。

4．中国企業をターゲットとした米国における外資規制の強化

「激化する米中貿易摩擦：次の焦点となる技術移転」『世界経済評論』2019 年 1・2 月号 2019 Vol.63 No.1 通巻 700 号より抜粋。

　米国は，中国企業が M&A などの対米直接投資を通じて，先端技術を手に入れることを強く警戒している。その対策として，外資による投資を対象とする安全保障審査制度の強化を進めている。

　米国では，外国投資及び国家安全保障法（Foreign Investment and National Security Act of 2007，以下「FINSA」）に基づき，政府の協議体である対米外

3　劉明康，「財経網」インタビュー記事，2007 年 12 月 10 日。

国投資委員会（Committee on Foreign Investment in the United States，以下「CFIUS」）が対内直接投資を監視する任務を負っている。CFIUS は，海外企業による米企業の「支配」を目的とした M&A から生じる米国の安全保障リスクを審査する法的権限を持っており，米国の安全保障を脅かすと判断すれば，外国投資家に対し投資内容の変更や米国内の資産の取得を断念するように勧告することになる。

　2007 年に成立した FINSA は，「1988 年包括通商競争力法」（Omnibus Foreign Trade and Competitiveness Act of 1988）の「エクソン・フロリオ条項」（Exon-Florio Provision）に修正を加えたものである。FINSA を根拠に，CFIUS の安全保障審査に関するガイダンス（2008 年 12 月 8 日官報掲載）には，審査に際して考慮すべき要素として，11 項目が挙げられている。その内，① ～⑤ は 1988 年のエクソン・フロリオ条項から受け継がれたもので，⑥ 以降は FINSA で導入したものである（図表 11-5）。

　2018 年 8 月 13 日，トランプ米大統領が署名した「2019 会計年度国防権限

図表 11-5　CFIUS による外資による投資を対象とする安全保障審査に際して考慮すべき要素

①　国防上の要求を満たすために必要な国内生産への潜在的影響
②　国防上の要求に対応する国内産業の能力（人材，製品，技術，材料及びその他の供給品及びサービスを含む）への潜在的影響
③　外国人による国内産業及び商業活動の支配への潜在的影響
④　防衛関連物資・装備・技術のテロ支援国家への流出，ミサイル・生物化学兵器・核兵器の拡散，地域の軍事的脅威に与える潜在的影響
⑤　米国の安全保障に影響を与える分野における，米国の技術上のリーダーシップへの潜在的影響
⑥　エネルギー資産を含む米国の重要産業基盤（critical infrastructure）への安全保障上の潜在的影響
⑦　米国の重要技術（critical technologies）への安全保障上の潜在的影響
⑧　外国政府による支配をもたらす可能性
⑨　当該国の核拡散防止体制への取り組み，米国のテロ対策活動への協力関係
⑩　エネルギーなどの重要な資源調達の長期見通しへの潜在的影響
⑪　大統領及び CFIUS が考慮すべきとしたその他の要素

　（出所）U.S. Department of the Treasury, Office of Investment Security, "Guidance Concerning the National Security Review Conducted by the Committee on Foreign Investment in the United States," *Federal Register*, Vol. 73, No. 236, December 8, 2008 より作成。

法」の中には，CFIUS の権限を強化する「2018 年外国投資リスク審査近代化法（FIRRMA）」と米国の重要技術の海外流出への対策を盛り込んだ「2018 年輸出規制改革法」が含まれている。特定の国が明示されていないものの，いずれも主に中国への技術移転を制限することを目的としていると見られる。

　特に FIRRMA の実施により，現行の米国企業を「支配する」外国企業の投資に加え，以下の事業活動も審査対象になる。

　　・米軍施設・空港・港などに隣接する土地の購入・賃貸・譲渡
　　・重要技術・重要インフラ・機密性の高いデータを持つ米国企業に対する非受動的投資
　　・外国企業が投資する米国企業において，その支配権が外国企業に渡るまたは機密性の高い重要技術・重要インフラ・データなどへの外国企業のアクセスが可能になる権利変更
　　・CFIUS 審査の迂回を目的とした取引・譲渡・契約

　その結果，中国企業や投資ファンドによる米国企業，中でもハイテク企業の買収・出資がさらに難しくなる。

　FIRRMA が成立する前から，中国企業は既に，M&A などを通じて米国から最先端の技術を手に入れることが難しくなってきている。2013-2015 年の中国企業による買収案件の審査件数は 74 件と，対米投資している国の中で最も多く，その内の 39 件（52.7％）は製造業に集中している（図表 11-6）。また，トランプ政権になってから，CFIUS の承認を得られないゆえに，断念せざるを得なくなった外国企業による買収案件の内，買収側が中国企業であるケースが最も多い（図表 11-7）。その中で，キャニオン・ブリッジによる半導体メーカーであるラティス・セミコンダクターの買収計画とアント・フィナンシャルによるフィンテック企業であるマネーグラム・インターナショナルの買収計画は典型例である[4]。

4　CFIUS の審査案件ではないが，米商務省は 2018 年 4 月 16 日，米企業に対し，中国通信機器大手，中興通訊（ZTE）への部品輸出などの取引を 7 年間禁じる措置を発表した。イランと北朝鮮への禁輸措置違反に絡み，ZTE が再発防止策について虚偽の説明をしたことがその理由として挙げられている。しかし，米当局が ZTE に重い懲罰を下したことは，中国との技術摩擦と無関係ではないという論調は，中国の国内だけでなく，海外にも多かった。5 月にワシントンで行われた米中貿易協議においても，ZTE への制裁の緩和が交渉の取引材料として使われたと伝えられた。

図表 11-6　CFIUS の外国投資審査の対象案件の国別・産業別構成（2013-2015 年）

(件数)

国	製造業	金融, 情報, サービス	採掘, 公共設備, 建設	卸売, 小売, 輸送	計
中国	39	15	13	7	74
カナダ	9	9	19	12	49
英国	25	15	3	4	47
日本	20	12	5	4	41
フランス	8	9	1	3	21
ドイツ	9	5	0	0	14
オランダ	4	8	2	0	14
シンガポール	3	5	3	1	12
スイス	10	2	0	0	12
計（その他を含む）	172	112	66	37	387

（出所）Committee on Foreign Investment in the United States, "Annual Report to Congress (Reported Period: CY 2015)" より作成。

図表 11-7　トランプ政権になってから承認が得られず断念した買収案件

買収の対象企業	買収側		断念の時期	買収規模（億ドル）
	企業	国		
Qualcomm	Broadcom	シンガポール	2018年3月	1,170
Xcerra	湖北鑫炎股権投資合伙企業	中国	2018年2月	5.8
MoneyGram International	アント・フィナンシャル・サービス・グループ	中国	2018年1月	12
Cowen	中国華信能源	中国	2017年11月	1
Aleris	忠旺美国	中国	2017年11月	11
HERE	北京四維図新科技	中国	2017年9月	3.3
Lattice Semiconductor	キャニオン・ブリッジ・キャピタル・パートナーズなど	中国	2017年9月	13
Global Eagle Entertainment	海航集団	中国	2017年7月	4.16
Novatel Wireless	T.C.L.実業控股（香港）	中国	2017年6月	0.5
Cree	Infineon Technologies	ドイツ	2017年2月	8.5

（出所）McLaughlin, David and Kristy Westgard, "All About CFIUS, Trump's Watchdog on China Dealmaking: QuickTake," *Bloomberg*, April 20, 2018 より作成。

　米国との技術摩擦が長期化する中で，中国は，「自主開発能力」の向上に力を入れている。これを念頭に，習近平総書記は，2018 年 9 月 26 日に，黒竜江省を視察した際に，「自力更生」の必要性を訴えている。

　それと同時に，中国は，日本や，ヨーロッパなど，他の先進国と良好な関係を維持し，技術移転をはじめとする経済面の協力関係を目指している。最近見られている日中関係の改善は，その努力の成果だと言える。

第Ⅴ部

人民元の国際化に向けての課題
——中国・地域・グローバルという視点に基づく考察——

財務省財務総合政策研究所『フィナンシャル・レビュー』平成 30 年第 1 号（通巻 133 号），
2018 年 3 月より抜粋，導入文を追加。

　中国の経済力の向上と政府の後押しを背景に，貿易をはじめ，国際取引における人民元の使用は，周辺諸国を中心に既に増加している。「人民元の国際化」を象徴するように，人民元は 2016 年 10 月 1 日に正式に国際通貨基金（IMF）の特別引出権（SDR）の構成通貨として採用された。将来，人民元は周辺諸国で国際通貨として広く使われ，最終的にはドルに取って代わって世界の基軸通貨になるのかについて，関心が高まっている。その可能性を検討するために，本章は，「資本取引の自由化」（または資本移動の自由化）という中国自身の視点に加え，「通貨圏」という地域の視点と，「国際通貨体制」というグローバルの視点に基づいて，人民元の国際化に向けての課題を明らかにする。

　人民元の国際化は中国の都合だけで進むものではなく，次の条件も満たさなければならない。まず，人民元の発行国である中国が整備された金融市場を持ち，資本取引が自由であり，居住者・非居住者が差別なくそれにアクセスできることである。また，人民元への信認が確立されていることである。さらに，中国の世界経済（GDP ないし輸出入）に占めるシェアが大きいことである。人民元はこれらのの条件を十分に満たしておらず，国際化に向けて乗り越えなければならない課題が依然として多い。これまでの人民元の国際化のプロセスも必ずしも順風満帆ではなかった（第 12 章）。

　中国という視点から見ると，資本規制が人民元の国際化を妨げる最大の要因となっており，これを取り除くべく，政府は「資本取引の自由化」を目指している。それに伴う金融政策の独立性，ひいては有効性の低下を防ぐため，「人民元の変動相場制への移行」，「金利の自由化」にも同時に取り組んでいる。しかし，この「三位一体改革」を完成させるには，まだ時間がかかりそうである（第 13 章）。

　地域という視点から見ると，人民元の国際化は，少なくとも最初の段階において，中国経済との一体化が進んでいる NIEs と東南アジア諸国連合（ASEAN）諸国や，中国の主導で進められている「一帯一路」沿線の国々を中心に進むと考えられる。これらの国々が対人民元安定の為替政策を採用することが，人民元が広く使われる「元圏」の形成の前提条件となる（第

14 章)。

　グローバルという視点から見ると，中国を中心に「元圏」が形成されれば，「国際通貨体制」は，人民元，ドル，ユーロからなる「三極通貨体制」に向かうことになり，通貨間の競争が体制の安定化に寄与すると期待される。しかし，現段階では，国際通貨としての人民元の地位は依然として低く，「元圏」，ひいては，「三極通貨体制」の形成は，まだ構想の段階にとどまっている（第15章）。

第 12 章

人民元の国際化は一日にしてならず

　人民元は国際通貨になるための条件を十分に満たしておらず，国際化に向けて乗り越えなければならない課題が依然として多い。これまでの人民元の国際化のプロセスも必ずしも順風満帆ではなかった。

1．国際通貨になるための条件

　人民元の国際化とは，国際通貨体制における人民元の役割の拡大，及び，経常取引，資本取引，外貨準備などにおける人民元のウェイトの上昇のことである。

　中国にとって，人民元の国際化の最大のメリットは，中国企業が直面する為替リスクが軽減されることである。中国の輸出入企業にとって，国際貿易が人民元建てで契約及び決済できれば，為替変動リスクを負わなくて済み，先物を使ったヘッジなどの取引コストも節約できる。また，もし人民元建てで対外資産を保有できるようになれば，ドル安になっても，対外資産によるキャピタル・ロスは発生しない。これにより，貿易や資本取引が促されることになる。

　また，人民元の国際化は中国の金融機関の国際競争力の向上を促進する。中国の銀行や証券会社は人民元建ての対外融資，貿易金融，人民元建て外債の発行などで，欧米の金融機関より優位性を持ち，高い為替リスクとコストを負わずに高収益を獲得できる。人民元の国際化が進めば，上海と香港の国際金融センターとしての地位も高まるだろう。

　さらに，人民元が国際通貨として広く使われるようになれば，中国は，現在の米国のように，国際収支が赤字になっても，自国通貨の増発を通じて，外国

の商品とサービスを輸入し続けることができる。

　その一方で，中国にとって，人民元の国際化の最大のデメリットは，資本の自由な移動が人民元の国際化の前提となるため，中国は国際的ホットマネーの流入と流出の影響を受けやすくなり，国内の金融政策など，マクロ経済政策の有効性が損なわれることである。

　リーマン・ショック以降の米国発の世界的経済危機の勃発を受けて，基軸通貨としてのドルへの信認が問われるようになり，国際通貨体制改革の機運が高まった。これをきっかけに，人民元の国際化に関する中国政府のスタンスも消極的から積極的に転じた。その背景には，人民元の国際化に伴うデメリットよりもメリットのほうが大きくなっているという判断があろう。

　しかし，人民元の国際化は中国の都合だけで進むものではなく，次の条件も満たさなければならない。まず，人民元の発行国である中国が整備された金融市場を持ち，資本取引が自由であり，居住者・非居住者が差別なくそれにアクセスできることである。また，人民元への信認が確立されていることである。さらに，中国の世界経済（GDP ないし輸出入）に占めるシェアが大きいことである。人民元はこれらの基準を満たしつつあるが，未解決の問題も多い。特に資本取引が厳しく制限されていることは，人民元の国際化の大きな制約となっている。

2．政府による後押し

　人民元の国際化に向けて，中国政府は，クロスボーダーの貿易決済，直接投資，ポートフォリオ投資における人民元の利用の利便性の向上や，人民元オフショア市場の発展，各国の通貨当局との協力強化といった取り組みを行ってきた。その上，中国人民銀行は中央銀行デジタル通貨（デジタル人民元）の発行を目指しており，これが実現されれば，海外における人民元の利用は一層便利になるだろう（付録 12-1 参照）。

　まず，人民元クロスボーダー貿易決済と利用の利便性を図った。2009 年 7月から，上海市と広東省の 4 都市（広州，深圳，珠海，東莞）が，人民元クロ

スボーダー決済の試行を開始した。2010 年 6 月と 2011 年 8 月の 2 回にわたって試行地域が全国へ拡大され，中国国内企業や個人事業主は，財貿易，サービス貿易及び他の経常取引を行う際に，人民元を決済通貨として利用できるようになった。

　第二に，クロスボーダーの直接投資における人民元の利用を積極的に推進した。人民元クロスボーダー決済の試行に合わせ，2011 年 1 月に国内機関による人民元建て対外直接投資，同年 10 月に海外の投資家による中国国内での人民元建て直接投資，さらに，2013 年 9 月に海外の投資家による中国国内金融機関への人民元建て投資が相次いで許可されるようになった。

　第三に，クロスボーダーのポートフォリオ投資における人民元利用のルートを拡大した。2010 年 8 月から銀行間債券市場を各国の中央銀行や金融機関などの海外機関に段階的に開放してきた。2011 年 12 月に人民元適格海外機関投資家（RQFII）制度が始まり，2014 年 11 月に人民元適格国内機関投資家（RQDII）制度も発足した。これによって，人民元資金が国内と海外の間でより円滑に循環できるようになった（中国における証券業と証券市場の対外開放については付録 12-2 参照）。

　第四に，人民元オフショア市場の発展を促進するために，積極的に環境整備に取り組んだ。国務院の許可により，香港・マカオ・台湾に続き，シンガポール，ロンドン，フランクフルト，ソウル，パリ，ルクセンブルクなど 23 の国・地域（2017 年 12 月現在）において，それぞれ中国系銀行一行が現地の人民元取引決済銀行に指定されている[1]。また，人民元建ての貿易・投資に関する決済を促す金融インフラとして，2015 年 10 月に中国人民銀行は人民元建ての貿易決済と投資を促すための金融インフラとなる「クロスボーダー人民元決済システム」（RMB Cross-Border Interbank Payment System）の運用を開始した。

　最後に，自国通貨の利用を促すための国際協力を深めた。まず，中国人民銀行は 25 の海外中央銀行もしくは通貨当局と二ヵ国間の通貨スワップ協定を締結しており，総額 2 兆 2,090 億元に達している（2018 年 1 月 10 日現在，いず

---

[1]　人民元取引決済銀行に加え，後述の二ヵ国間の通貨スワップ協定，人民元と直接取引できるようになった通貨に関する情報は，『人民幣月刊』第 59 期（中国金融信息網，2018 年）による。

れも既に満期・失効した分を除く）。また，人民元とユーロ，円，ポンド，豪ドル，ニュージーランド・ドル，シンガポール・ドル，マレーシア・リンギット，ロシア・ルーブルなどの 21 通貨との直接取引を実現した（2018 年 1 月現在）。さらに，一部の中央銀行・通貨当局は既に人民元を外貨準備に取り入れており，人民元は 2016 年 10 月 1 日に正式に国際通貨基金（IMF）の特別引出権（SDR）の構成通貨として採用された（第 15 章第 2 節参照）。

　全体的に見て，貿易など，経常取引とそれにおける人民元の利用への制限は少なくなってきているが，その一方で，資本取引の自由化を慎重に進めるという政府の方針を反映して，ポートフォリオ投資とそれにおける人民元の利用に対する制限は依然として厳しい状況である。

3．好調なスタートから後退局面へ

　当初，人民元建ての貿易決済を通じて，国内のオンショア市場と香港を中心とするオフショア市場の間の資金移動が活発になったことを反映して，人民元の国際化は一見順調に進んでいるように見えた。元高期待を背景に，オフショアの香港市場の人民元レートは国内のオンショア市場より常に高かったため，人民元を国内から香港に持っていけば利益が生じる状況となっていた[2]。しかし，実際には，オンショア市場とオフショア市場の間に厳しい資本規制が敷かれているため，「為替裁定」にかかわる両市場間の送金は貿易決済というルートを通さなければならない場合が多かった[3]。一部では，国内から香港に送金する時に，香港での関連企業から金を輸入し，その代金を人民元で支払い，逆に香港から国内に資金を戻す時に，金を香港での関連企業に輸出し，輸出代金をドルで受け取るという「偽装」工作が行われていた（BOX12-1 参照）。貿易取引を装ったオンショア市場とオフショア市場間の裁定取引は，見かけ上，人

---

[2]　張明，何帆，「人民元の国際化のプロセスにおけるオンショアとオフショア間の裁定取引という現象に関する研究」，『国際金融研究』第 10 期，2012 年。

[3]　為替裁定に加え，香港市場で低金利で人民元資金を調達し，オンショアでより高い金利で運用するという「金利裁定」も盛んであった。

民元の国際化に寄与しているが，その本来の目的から大きくかけ離れたものである。

　しかし，2015年（特に人民元の切り下げが実施された8月）以降，それまでの元高傾向が元安傾向に転じたことをきっかけに，このような裁定取引は収まり，国境を越えた取引における人民元の利用は減少に転じた。2016年に入ってから，資金流出に伴う元安圧力をかわすために資本規制が強化され，そ

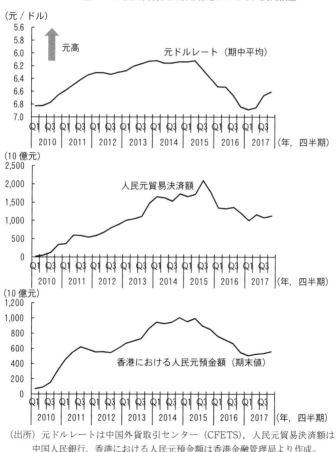

図表12-1　元安を受けて後退した人民元の国際化
―減少した人民元貿易決済額と香港における人民元預金―

（出所）元ドルレートは中国外貨取引センター（CFETS），人民元貿易決済額は
　　　　中国人民銀行，香港における人民元預金額は香港金融管理局より作成。

れを受けて，人民元の国際化の後退は一層鮮明になった[4]。

　人民元の国際化の好スタートから後退への転換は，人民元貿易決済額と香港における人民元預金額の推移から確認することができる（図表12-1）。元高の進行を背景に，人民元貿易決済額は，2010年第1四半期から2015年第3四半期にかけて，184億元から2兆892億元に急増した。また，香港における人民元預金額は，2010年3月から2014年12月にかけて，708億元から1兆36億元に増加した。しかし，その後，元安の進行を受けて，いずれの指標も大幅に後退し，2017年第4四半期の人民元貿易決済額は1兆1,270億元，同年12月の香港の人民元預金額は5,591億元に減少した。

4　2016年以降に実施された資本規制には，① 銀行を通じた国境を跨ぐ人民元の流出量を流入量の一定比率内に制限，銀行の外貨売りが外貨買いを上回らないよう指導，② 外国企業の中国現地法人が本社に資金を貸し付ける「親子ローン」を自己資本の3割に制限，③ 企業の外貨購入計画，実績を定期的に報告，④ 高額な海外送金は事前報告，⑤ 外貨建て債務の繰り上げ返済の原則禁止，⑥ 企業買収などの対外投資を事前に審査，1件500万ドル以上の両替は事前認可，⑦ 個人の外貨両替に申請書を提出，資金使途などを申告，⑧ 香港など海外における運用目的の保険商品の購入を制限，などが含まれている（「中国，資本流出阻止に躍起」，『日本経済新聞』，2017年1月6日付，「人民元，海外流出額を制限」，『日本経済新聞』，2017年2月1日付）。そのなかには，当局による口頭通達を通じて伝えられ，明文化されていないものもある。

BOX 12-1　資本規制下のオンショアとオフショアの人民元レートの差を利用した裁定取引
　　　　——元高進行の場合

　一般的に，元高が進行する時に，当局によって厳しくコントロールされる中国国内のオンショア市場よりも規制の緩い香港のオフショアの人民元レートが高くなる。仮に国内では1ドル＝6.5元であるのに対して，香港では1ドル＝6.4元であるとすると，64,000元を香港に送金すれば，1万ドルに両替できるが，この1万ドルを国内に戻すと65,000元に換えることができ，（手数料を別とすれば）1,000元の利益を上げることができる。しかし，実際には，オンショア市場とオフショア市場の間に厳しい資本規制が敷かれているため，両市場の間の送金は貿易決済というルートを通さなければならない場合が多い。一部では，国内から香港に送金する時に，香港での関連企業から金を輸入し，その代金を人民元で支払い，逆に香港から国内に資金を戻す時に，金を香港での関連企業に輸出し，輸出代金をドルで受け取るという「偽装」工作が行われている（図表）。これを反映して，元高の局面において，中国の輸入に占める人民元決済の比率は，輸出に占める人民元決済の比率より遥かに高い。

図表　金の輸出入を装った裁定取引の仕組み

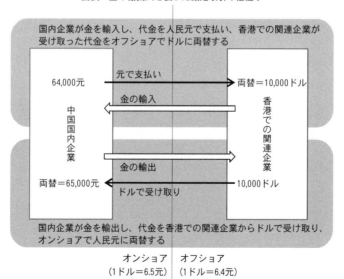

（出所）筆者作成。

付録 12-1

中央銀行デジタル通貨の発行を目指す中国
──予想されるマクロ面での影響

経済産業研究所　中国経済新論：実事求是，2019 年 12 月 27 日。

　世界的規模で起こっているデジタル革命の波は通貨の分野にも及んでいる。中国では，アリペイなどの電子マネーの普及により，キャッシュレス化は進んでおり，中央銀行デジタル通貨（Central Bank Digital Currency，以下では CBDC）への関心も高まっている[1]。実際，中国人民銀行は，各国の中央銀行に先駆けて CBDC について研究を重ねてきており，CBDC の発行は構想から実行の段階に移ろうとしている。ここでは，関係者が明らかにした同構想を紹介し，その実現によって予想される金融政策や，商業銀行（以下では「銀行」）を中心とする金融システム，そして人民元の国際化といったマクロ面での影響について検討する。

中央銀行デジタル通貨（CBDC）とは

　近年，CBDC を巡る議論は，IMF や国際決済銀行（BIS）などの国際機関と各国の中央銀行を中心に，活発になっている。その背景には，① 新たな情報技術による支払決済の効率性向上・コスト削減，② 北欧など一部の国々における現金の減少や金融包摂の推進，③ ブロックチェーン・分散型台帳技術と暗号資産（仮想通貨）の登場，④ 犯罪・脱税の防止や，マネーロンダリング及びテロ資金供与対策，⑤ 金融政策の有効性向上，⑥ 金融安定への寄与など，CBDC への期待が高まっていることが挙げられている[2]。

1　中国では，中央銀行が発行するデジタル通貨のことは，「中央銀行数字貨幣」と言い，Digital currency/electronic payments の頭文字を取って DCEP とも言う。
2　柳川範之，山岡浩巳，「情報技術革新・データ革命と中央銀行デジタル通貨」，『日本銀行ワーキングペーパーシリーズ』，2019 年 2 月。

　通貨としての CBDC の位置づけは BIS が提示し，① 発行主体が中央銀行
（法定通貨）か，それ以外（私的通貨）か，② 形式がデジタルか実物か，③ ア
クセスの可能性が広範囲に使用されるリテール型か，銀行の間など，限定され
た範囲で使用されるホールセール型か，④ 移転の仕組みが仲介機関を経由せ
ず，直接行われるトークン型か，仲介機関を経由する口座型か，という 4 つの
要素によって構成される「マネーフラワー」と呼ばれる分類法に基づいて確認
することができる（図表 12-2）。

　CBDC とは，中央銀行が発行し，デジタルの形式をとる法定通貨のことで
あり，マネーフラワーの① と② という二つの要素を同時に有するものである。
同③ と④ の基準も合わせて考えると，CBDC には（A）リテール・口座型，
（B）リテール・トークン型，（C）ホールセール・口座型，（D）ホールセール・

図表 12-2　マネーフラワーにおける中央銀行デジタル通貨の位置付け

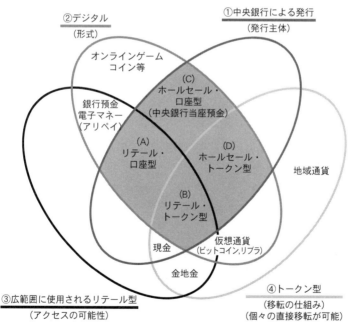

（注）グレー網掛け部分は広い意味での中央銀行デジタル通貨に当たる。
（出所）Morten Bech and Rodney Garratt, "Central Bank Cryptocurrencies," *BIS
　　　Quarterly Review*, September 2017 に基づき野村資本市場研究所作成

トークン型，という四つの形態がある[3]。

　中国人民銀行デジタル通貨研究所の狄剛副所長は，中国人民銀行が開発している CBDC には，ホールセール型である（C）と（D）が含まれておらず，リテール型である（A）と（B）という二つの形態に限定されていると述べている[4]。

　リテール型 CBDC の中で，（A）の口座型と（B）のトークン型は，それぞれ次の特徴を持っている[5]。

　（A）の口座型の CBDC は，中央銀行の取引先（口座の開設者）を，現状のように金融機関に限定するのではなく，個人や企業といった一般利用者に広く認めるものだと位置付けられる。こうした口座型の CBDC は，一般利用者が中央銀行に対して有する「預金債権」である。利用者からの振替依頼に基づき，口座の減額記帳及び増額記帳がなされることにより，預金債権たる CBDC が移転する。

　これに対して，（B）のトークン型の CBDC は，いわば紙幣の電子化とも位置付けられるものであり，金銭的価値が組み込まれる媒体が，紙でなく，電子的なデータに変わると捉えるものである。スマートフォン上のソフトウェアや IC カードといった専用のウォレット（電子財布）に記録される CBDC に関するデータそのものが金銭的価値を持つことになる。決済は（中央銀行または商業銀行の）口座を経由せず，直接各ウォレット間のデータを通じて移転が行われる。一般的に，CBDC は，口座型と比べて，ウォレットを使用するトークン型のほうの匿名性が高い。

世界に先駆けて CBDC を開発する中国

　中国の CBDC に関する研究は，2014 年に周小川・中国人民銀行総裁（当時）が，中央銀行によるデジタル通貨発行の可能性を研究すべきと言及したことに遡る。これを受けて，同行に CBDC の発行に向けた研究チームが立ち上げら

3　中央銀行の当座預金という既にデジタル化されている中央銀行の債務は，（C）のホールセール・口座型の CBDC に対応している。

4　狄剛，「デジタル通貨分析」，『中国金融』，2018 年 17 期。

5　日本銀行金融研究所，「『中央銀行デジタル通貨に関する法律問題研究会』報告書」，2019 年 9 月。

れ，2017 年にデジタル通貨研究所が設立された。

　ここにきて，中国における CBDC の発行は，構想から実行の段階に移ろうとしている。2019 年 8 月 10 日にデジタル通貨研究所の穆長春所長は，第三回「中国金融 40 人伊春論壇」での講演において，中国が検討している CBDC が導入の段階に近づいているとした上，その仕組みの詳細を明らかにした。また，中国政府系シンクタンクの中国国際経済交流センターの黄奇帆副理事長（元重慶市長）は 10 月 28 日に開催された「外灘金融サミット」での講演で，中国人民銀行が世界で初めてデジタル通貨を発行する中央銀行になる可能性があると述べ，国内外において話題を呼んだ。

　中国人民銀行の易綱総裁は 2019 年 9 月 24 日に「中華人民共和国建国 70 周年関連の記者会見」で，CBDC の導入について，まだ具体的な発行スケジュールが決まっていないとした上で，先行テストやリスク評価などの工程が残っていると述べた。中国のビジネス誌『財経』が伝えるところによると，その一環として，中国人民銀行は深圳市と蘇州市で CBDC のテストを間もなく開始し，他の都市と地域でもテストを行う可能性があるという[6]。

　多くの国々が CBDC の研究を進めているが，この「国際競争」において，中国は一歩リードしている。中国における CBDC の発行の仕組み，基礎となる技術，社会的受容性，運営コストなどに関する研究成果と導入に向けた取り組みは，各国にとっても大いに参考になるだろう。

構想中の CBDC の仕組み

　穆所長の上述の講演をはじめ，関係者の発言と論述を総合すると，中国における CBDC 構想は，先述の（B）リテール・トークン型に当たり，次のような特徴を持つ。

① M0 の代替

　CBDC は，M0（すなわち現金）を代替するもので，M1（現金＋要求払い預金），M2（M1＋定期預金などの準通貨）を代替するものではない。こ

6　張威，「中国におけるデジタル通貨誕生の前夜：中銀による先行テスト，四大銀行の競争，世界をリードできるか？」，『財経』，2019 年 12 月 9 日。

のことは，CBDC に期待される機能が価値貯蔵手段よりも，決済手段であることを意味する。現在の中国の金融システムでは，M1 と M2 は既に口座の管理という形でデジタル化されており，今さら別の技術を用いてデジタル化する必要性がない。

CBDC を推進する理由として，まず，デジタル通貨に比べ，紙幣と硬貨の印刷・鋳造，発行，貯蔵などのコストが高い上，偽造防止技術の研究開発に継続的に投資しなければならない点が挙げられている。また，現金は取引の匿名性により，マネーロンダリングやテロ資金に利用されるリスクがある。CBDC の発行は，現金の使用に伴うこれらの問題を緩和することができる。

②二層構造の運営体制

CBDC の発行・配布は，紙幣の発行・配布と同じように，二層構造の運営体制となる（図表 12-3）。第一層は中国人民銀行と銀行などの仲介機関との取引で，第二層は仲介機関と個人や企業などリテール市場の参加者との取引である。第一層では，中国人民銀行が仲介機関などに対し

図表 12-3　中国における CBDC の発行・配布・流通の仕組み

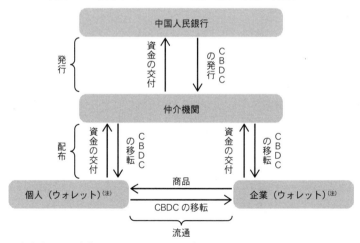

（注）個人間，企業間においても CBDC が使われる。
（出所）穆長春，第三回「中国金融 40 人伊春論壇」での講演，2019 年 8 月 10 日より野村資本市場研究所作成

CBDC を発行する。第二層では，CBDC を引き受けた仲介機関はそれを配布し，市場に流通させる。仲介機関には，四大銀行（中国建設銀行，中国工商銀行，中国銀行，中国農業銀行）に加え，アリババ，テンセント，銀聯なども含まれる可能性が高いと見られる（Michael del Castillo, "Alibaba, Tencent, Five Others to Receive First Chinese Government Cryptocurrency," *Forbes*, August 27, 2019）。CBDC の移転は，銀行の口座ではなくウォレットの間で行われる。

このような「二層構造」を採用する理由として，① 中国は経済規模が大きく，中央銀行が直接国民に対し CBDC を発行することが難しく，② 中国人民銀行が国民に対し直接 CBDC を発行すると，自らが銀行の潜在的な競争相手になってしまう恐れがある，などの点が挙げられている。このように，先述の 4 つの形態の内，(A) リテール・口座型も事実上否定されたことで，(B) のリテール・トークン型は，中国にとって，唯一の候補となる。

③特定の技術に限定しない

CBDC の技術については，中国人民銀行は必ずしもブロックチェーンをはじめとする分散型台帳技術を採用するとは限らず，他の技術を使用することも可能である。CBDC は主にネット販売など，小口の取引に使用されると想定されるため，大量かつ高速の取引システムが必要である。穆所長は，CBDC は少なくとも毎秒 30 万件の取引処理に対応しなければならないが，これは現在のブロックチェーン技術では実現困難な速度であると指摘している。

④無利子

CBDC と銀行預金との競争を最小限に抑えるために，中央銀行は，CBDC に金利を付けない。このことは，CBDC の機能が主に決済手段に絞られるという趣旨にも合致している。

⑤「制御可能な匿名性」に基づく個人情報の取り扱い

CBDC の発行・流通により，取引履歴がすべて記録されるため，反社会的行為や脱税行為の抑止に役立つというメリットがある。しかし一方で，中央銀行がすべての取引にかかる情報を把握し得るような立場にあるた

図表 12-4　構想中の中国における CBDC と各種通貨との比較

	CBDC	現金(紙幣)	銀行預金	第三者決済機関口座残高(アリペイ等)(注)	リブラ	ビットコイン
形式	デジタル	実物	デジタル	デジタル	デジタル	デジタル
債務者	中央銀行	中央銀行	商業銀行	第三者決済機関	リブラ協会	なし
信用リスク	なし	なし	低	低	高	なし
発行主体	中央銀行	中央銀行	商業銀行	第三者決済機関	リブラ協会	不特定多数の参加者
価値の裏付け	自らが法定通貨	自らが法定通貨	部分準備制	全額準備制	発行量と同額のドルやユーロ,ポンド，円などを中心に構成される準備金	なし
所有者の匿名性	制御可能な匿名性	完全な匿名性	実名制	制御可能な匿名性	制御可能な匿名性	完全な匿名性
金利の有無	無	無	有	無	無	無

(注)　中国の場合，アリペイなどの第三者決済機関は，顧客が口座に預けた残高と同額の準備金を中央銀行に預けなければならない。そのため，同口座の残高は，事実上中央銀行の債務に当たり，信用リスクがないとの見方もある。
(出所)　国盛証券研究所，「中国における中央銀行デジタル通貨（DCEP）：目標，位置付け，メカニズムと影響に関する初歩的分析」など，各種資料より野村資本市場研究所作成

め，中央銀行はこれらの情報をどのように取り扱うべきか，個人の財務情報などのプライバシーが守られているか，などの課題もある。この点について，穆所長はシンガポールでの会議で，紙幣や硬貨を使用することで匿名性を維持しようとする国民の要望を把握しており，望む人々には取引における匿名性を確保すると同時に，「制御可能な匿名性」と，マネーロンダリング，テロ資金，税問題，オンライン賭博，犯罪行為への対応とのバランスを維持することになると述べた[7]。

⑥オフライン決済が可能

CBDC は，支払と受取の双方がオフラインの環境に置かれても，決済することができる。双方のスマートフォンなどの端末に CBDC のウォレットがインストールされていれば，インターネットや電波がない環境でも，

7　「中国デジタル通貨，個人情報の「完全支配」意図せず＝人民銀幹部」，ロイター，2019 年 11 月12 日。

　スマートフォンにバッテリーがあれば，二台がタッチしあうことで，リアルタイムで資金を移動することが可能である。

　このような特徴を踏まえると，構想中の中国における CBDC と各種通貨との共通点と相違点が見えてくる（図表 12-4）。

金融政策の有効性の向上

　CBDC は，中央銀行に，新たな金融政策の手段を与えることになる。中央銀行のバランスシートの負債側には流通中の現金と金融機関から預かる当座預金などの項目があり，CBDC が発行されれば，新たに追加されることになる。一方，資産側には外貨資産に加え，再貸出などの国内資産がある。中央銀行は外貨の購入（売却）または再貸出の拡大（縮小）を通じて CBDC を放出（回収）し，市中の流動性を調節することができる。

　CBDC が単なる決済手段（M0 の代替）ではなく金利が付く資産になれば，その「量」だけでなく，「価格」に当たる金利も金融政策の手段になりうる。金利が付く CBDC の導入により，マイナス金利の実施が可能になる。一般的に，中央銀行が発行する紙幣（現金）は，金利がゼロである。当局が預金など，金融資産の金利をマイナスの水準に引き下げようとすると，人々が資金を現金に転換するため，0%が金利の下限となる。当局が景気を刺激するために，マイナス金利を実施しようとしても，ゼロ金利の壁（いわゆる「流動性の罠」）にぶつかり，金融政策の有効性が失われてしまう。しかし，金利が付く CBDC が発行されるとともに現金（すべてでなくても，少なくとも高額紙幣）が廃止されれば，CBDC の金利と連動する形で，預金などの金融資産にもマイナス金利が適用できるようになり，その分だけ金融政策の有効性は高まる。

銀行の地盤沈下

　CBDC の登場をきっかけに，金融システムにおける銀行の地盤沈下は加速しかねない。この問題は，特に金利が付く CBDC の場合，深刻である。

　現代の金融システムでは，銀行が中心に位置している。銀行は預金を吸収して引当金を中央銀行に預け，融資を通じて信用を創出する。また，企業と個人

の預金口座を管理し，決済などの業務を行う。銀行は，決済や預金業務で圧倒的な優位を占めているため，資産管理や保険などの関連業務においても優位性を持っている。

　しかし，電子マネーが登場したことを受けて，決済の処理を通じて得られる情報も同時に銀行から第三者決済を運営するプラットフォーム企業に移動してしまうため，プラットフォーム企業は，フィンテックの担い手となり，金融システムにおける銀行の中心的役割を侵食しつつある。中国において，CBDCの仲介機関に，主要なプラットフォーム企業も加えられることになれば，このような流れは加速するだろう。一方，CBDCは，第三者決済の機能を持たないため，そのサービスを提供するアリペイなどの電子マネーとは競合しない。CBDCが発行されるようになれば，利用者と第三者決済機関との間の資金の支払いと受け取りは，銀行口座を経由せず，CBDCを通じて直接行えるようになるため，一部の銀行預金が代替されることになる。

　CBDCが発行されれば，当局の想定を超えて，M0（現金）だけでなく，M1に含まれる要求支払い預金もそれによって代替されるだろう。もし金利が付けられる場合，M2に含まれる銀行預金まで代替の対象となると予想される。中央銀行の信用度が高く，金利などが同条件の下では，預金がCBDCにシフトするため，銀行の預金業務とそれに関連する業務は大幅に縮小しかねない。特に，預金の流出により，銀行の貸出能力が大幅に低下し，一部の銀行は倒産を余儀なくされるだろう。その結果，金融システム全体が不安定になってしまう恐れがある。これらの影響の大きさに鑑み，縮小が予想される銀行の貸出をどう補うか，また金融システムの安定性をいかに維持するかという対策が用意できるまで，金利が付くCBDCは導入されないだろう。

人民元の国際化の促進

　中国におけるCBDCの発行は，人民元の利便性の向上を通じて，人民元の国際化に寄与すると期待されている。近年，中国は中国経済の台頭とグローバル化に加え，政府の後押しもあって，貿易や資金の調達と運用といったクロス・ボーダーの取引の決済において，人民元の使用が増えている。米国と比べても，中国ではネット決済が国民生活の隅々まで浸透しており，これによって

蓄積した技術や経験は，国内外における CBDC の使用を推進するに当たっても役に立つはずである。通貨の国際的使用は，規模の経済性と慣性が大きく作用するもので，中国が米国より一歩先に CBDC を発行し，その国際的利用を普及させることは，人民元の国際化にとって，有利な条件となろう。

　しかし，人民元の国際化のためには，① 発行国である中国が整備された金融市場を持ち，資本取引が自由であり，居住者・非居住者が差別なくそれにアクセスできること，② 人民元への信認が確立されていること，③ 中国の世界経済（GNP ないし輸出入）に占めるシェアが大きい，といった条件も満たさなければならない。その中で，厳しい資本規制が人民元の国際化を妨げる最大の要因となっている。新たに発行される CBDC も資本規制の対象になると予想されるため，それによる人民元の国際化への促進効果は限定的であろう。実際，周小川・中国人民銀行前総裁は，中国における CBDC 発行の目的は，クロス・ボーダーではなく，国内での使用であると明言している[8]。

今後の展望

　中国は，CBDC を本格的に導入する最初の国になりそうである。それに向けて，綿密に構想を練っており，実行に移ってからも慎重な姿勢は変わらないと予想される。最終的に，中国において，現金が完全に CBDC によって取って代わられ，キャッシュレス社会が実現されるだろうが，そこまでの道のりはまだ遠い。この移行過程において，銀行の地盤沈下とそれに伴って起こりかねない金融システムの動揺にいかに対処するかが，最重要課題となる。

8　周小川，「周小川がデジタル通貨と電子決済について語る」，『財新網』，2019 年 11 月 21 日。

付録 12-2

加速する中国における証券業と証券市場の対外開放

経済産業研究所　中国経済新論：中国の産業と企業，2019 年 10 月 9 日

　中国では，証券業と証券市場の対外開放に向けて，当局は，2019 年 7 月に外資による証券会社への出資制限を緩和したのに続き，9 月には，適格海外機関投資家（QFII）と人民元適格海外機関投資家（RQFII）の制度における投資限度額を撤廃すると発表した。これらの規制緩和策の実施により，海外の証券会社にとって，中国におけるビジネス・チャンスが増え，海外の投資家にとっても，中国の証券市場へアクセスするチャネルが広がる。

前倒しで撤廃される外資による証券会社への出資制限

　2019 年 7 月 20 日に，国務院金融安定発展委員会が債券業務，資産運用業務，保険業務，マネー・ブローカー業務，証券業務を網羅した 11 項目からなる金融業開放策（「金融業対外開放 11 条」）を打ち出した（図表 12-5）。その中には，2021 年に予定されていた外資による証券会社などへの出資制限の撤廃を，1 年前倒しして 2020 年に実施するという措置が含まれている。

　中国証券監督管理委員会（証監会）は，今回実施される証券会社などへの外資出資制限の緩和策について，「金融供給側改革の深化，金融業における対外開放の拡大という党中央と国務院の方針に則った措置であり，開放を通じて証券市場と関連業界の改革と発展を促すという客観的ニーズに応え，改革開放に対する中国の揺るぎない決心と自信を表している」と説明している[1]。

　これまで，海外の証券会社は，中国に進出する際，全額出資が認められておらず，国内の証券会社と共同出資して合弁証券会社を作らなければならなかった。2019 年 4 月現在，業務を展開している合弁証券会社は 13 社に上る（図表

1　中国証券監督管理委員会，「証監会が金融業対外開放政策措置について記者の質問に答える」，2019 年 7 月 20 日。

図表 12-5　金融業対外開放 11 条

管轄官庁	分野	内容
中国人民銀行	債券業務	・外資格付け会社に対し，銀行間債券市場と証券取引市場のすべての債券の格付け業務を認める。
		・銀行間債券市場の「A 類引受主幹事ライセンス」（全国で登録されている非金融企業の事業債の引き受けが可能）の取得を外資に認める。
		・海外機関投資家による銀行間債券市場への投資の利便性向上を進める。
銀行保険監督管理委員会	資産運用業務	・海外金融機関に中国の商業銀行の資産運用子会社の設立や出資を奨励する。
		・海外の資産運用会社と中国の銀行または保険会社の子会社と共同出資で，外資が 51%以上出資できる資産運用会社の設立を許可する。
	保険業務	・海外金融機関が養老金（年金）運用会社を設立，または出資することを認める。
		・外資による生命保険会社への出資制限を現在の 51%から 100%に緩和する措置について，従来予定の 2021 年から 2020 年に 1 年前倒しして実施する。
		・国内保険会社による保険資産運用会社への出資について，合計 75%を下回ってはならないとする規制を撤廃し，外資による同運用会社への出資について 25%を超えることを認める。
		・外資保険会社の市場参入条件について，経営期間 30 年以上とする制限を撤廃する。
	マネー・ブローカー業務	・外資によるマネー・ブローカー会社の単独設立，出資を支持する。
中国証券監督管理委員会	証券業務	・外資による証券会社，基金運用会社（証券投資信託の設定・運用会社），先物会社への出資制限を撤廃する措置について，従来予定の 2021 年から 2020 年に 1 年前倒しして実施する。

（出所）国務院金融安定発展委員会弁公室，「金融業の対外開放のさらなる拡大にかかわる措置について」，中国人民銀行ウェブサイト，2019 年 7 月 20 日より野村資本市場研究所作成

12-6）。これらは，株主の性質によって 4 種類に分類できる。

①設立時期が早く，外資株主も多い中国国際金融（CICC）。1995 年に中国建設銀行とモルガン・スタンレーによって設立され，2010 年にモルガン・スタンレーが保有していた株式を GIC など 4 社に譲渡した。2015 年，香港市場で株式を上場した。

図表 12-6　中国における合弁証券会社の設立状況（2019 年 4 月現在）

	合弁証券会社	外資株主	資本金	外資出資比率	認可時期
1	中国国際金融股份有限公司	一般株主	41.93 億元	41.21%	1995 年 5 月
		Tencent Mobility Limited			
		GIC Private Limited			
		TPG Asia V Delaware, L.P.			
		名力集団控股有限公司			
2	中銀国際証券股份有限公司	中銀国際控股有限公司（BOC International Holdings）	25 億元	37.14%	2002 年 1 月
3	光大証券股份有限公司	中国光大控股有限公司（China Everbright Ltd）	46.11 億元	21.30%	1996 年 5 月
4	高盛高華証券有限公司	高盛（亜洲）有限公司（Goldman Sachs Asia Limited）	8 億元	33%*	2004 年 11 月
5	瑞銀証券有限責任公司	瑞士銀行有限公司（UBS AG）	14.9 億元	51%	2006 年 12 月
6	瑞信方正証券有限責任公司	瑞士信貸銀行股份有限公司（Credit Suisse AG）	8 億元	33.3%*	2008 年 6 月
7	中徳証券有限責任公司	徳意志銀行股份有限公司（Deutsche Bank AG）	10 億元	33.3%	2008 年 12 月
8	摩根士丹利華鑫証券有限責任公司	摩根士丹利（亜洲）有限公司（Morgan Stanley Asia Limited）	10.2 億元	49%*	2010 年 12 月
9	東方花旗証券有限公司	花旗環球金融亜洲有限公司（Citigroup Global Markets Asia Limited）	8 億元	33.3%	2011 年 12 月
10	申港証券股份有限公司	茂宸集団控股有限公司	43.15 億元	34.85%	2016 年 3 月
		民衆証券有限公司			
		嘉泰新興資本管理有限公司			
11	華菁証券有限公司	万誠証券有限公司	14.048 億元	48.83%	2016 年 5 月
12	匯豊前海証券有限責任公司	香港上海匯豊銀行有限公司	18 億元	51%	2017 年 6 月
13	東亜前海証券有限責任公司	東亜銀行有限公司	15 億元	49%	2017 年 6 月
－	野村東方国際証券有限公司	野村ホールディングス	10.2 億元	51%	2019 年 3 月（設立準備中）
－	摩根大通証券（中国）有限公司	J.P. Morgan International Finance Limited	4.08 億元	51%	2019 年 3 月（設立準備中）

（注）＊は 51%へ引き上げる計画（認可待ち）。
（出所）中国証券監督管理委員会より作成

②中央政府の管轄下の国内の金融機関が香港に設立した子会社が出資している中銀国際証券，光大証券の 2 社。

③欧米などの大手商業銀行，投資銀行が出資する合弁証券会社。2004-2011 年の間に認可を受けた高盛高華証券，瑞銀証券，瑞信方正証券，中徳証券，摩根士丹利華鑫証券，東方花旗証券の 6 社。

④ CEPA（中国本土・香港経済貿易関係緊密化協定）に基づき，香港やマカオの企業が出資する合弁証券会社で，2016 年 3 月以降に認可を受けた申港証券，華菁証券，匯豊前海証券，東亜前海証券の 4 社。

　証監会は，合弁証券会社の外資出資比率の上限を，従来の 33.3% から 2012 年に 49% に引き上げ，2018 年には同上限をさらに 51% に引き上げると同時に，2021 年に撤廃すると発表した。2019 年現在，外資出資比率は 51% までという措置は既に実施されている。2019 年 7 月に発表された「金融業対外開放 11 条」に従えば，2020 年から外資による全額出資が可能になる。

　また，2018 年 4 月 28 日に公布された「外商投資証券会社管理弁法」では，合弁証券会社の業務範囲が緩和されている。2002 年 6 月より施行されていた「外資参入証券会社設立規則」では，合弁証券会社の業務範囲は，原則として，① 株・債券の引き受け及び保証推薦，② 外資株（B 株，H 株など，海外の投資家を対象に発行した株）の取次，③ 債券の取次と自己売買に制限されていたが，「外商投資証券会社管理弁法」では，これらの規定が撤廃された。

　多くの海外の証券会社は，このような規制緩和を中国進出のチャンスとして捉えようとしている。現に，野村ホールディングスと JP モルガン・チェースの香港子会社がそれぞれ外資側 51% 出資の合弁証券会社の設立準備を進めており，既に当局の認可を受けている（いずれも 2019 年 3 月）。大和証券グループも自ら 51% 出資する合弁証券会社の設立を申請している（2019 年 9 月）。また，ゴールドマン・サックス（Goldman Sachs Asia Limited），クレディ・スイス（Credit Suisse AG），モルガン・スタンレー（Morgan Stanley Asia Limited）の三社は，既に資本参加している合弁証券会社への出資比率を，それぞれ 51% に引き上げる計画を発表しており，当局の認可を待っている。

　野村ホールディングスは，中国における合弁証券会社の今後の経営計画につ

いて，「新たに設立する証券会社は，当社の強みである対面型中心のコンサルティング営業のノウハウを生かし，中国国内における富裕層個人向けウェルス・マネジメント・ビジネスから事業を開始する予定です。それにより商品販売基盤の確立を進め，ホールセール・ビジネスを含めた他のビジネスへと展開し，当社のアジア戦略の中核となるような総合証券会社を目指していきます」と説明している[2]。

QFII と RQFII の投資限度額の撤廃

　証券業の対外開放とともに，証券市場の対外開放も進展を見せている。その一環として，2019 年 9 月 10 日に国家外為管理局は，海外の機関投資家に中国の証券市場への投資を認める QFII と RQFII の制度について，投資限度額を撤廃すると発表した。その狙いは，海外の投資家による証券投資の拡大を促し，債券市場や株式市場を活性化させることである。

　QFII は Qualified Foreign Institutional Investors の略称で，資本勘定における通貨の兌換性が実現していない国において，資本取引の全面的自由化に先立って，証券市場の部分的対外開放を進めるための制度である。この制度の下では，海外の投資家が当該国の証券市場に投資するには，当局の承認を得て認められた限度額内の外貨資金を送金し，現地通貨に交換し，専用口座を通じて行わなければならない。中国では，QFII 制度は 2002 年に導入され，同制度の下で，証監会から認可を受けた海外の運用会社，証券会社，商業銀行，年金基金などの機関が，外為管理局から認められた投資限度額内において，中国国内の証券（上場株式，上場債券，投資信託など）に投資することができる。QFII の資格を取得した機関数と認可された投資限度額は，いずれも段階的に拡大されてきた。外為管理局によると，2019 年 8 月 30 日現在，それぞれ 292 機関と 1,114 億ドルに達している。

　RQFII（Renminbi Qualified Foreign Institutional Investors）とは，人民元適格海外機関投資家を指す。QFII 制度では，当局の認可を受けた海外の機関投資家は，外貨を人民元に両替して A 株に投資できるのに対し，RQFII 制度

2　野村ホールディングス株式会社，「中国での証券会社設立に関する許可について」，*News Release*，2019 年 3 月 29 日。

ではオフショアで調達した人民元で本土の株式・債券などに投資することができる。RQFII 制度は，2011 年末に導入され，日本を含む一部の国・地域の機関投資家と国際機関に限定して認められ，各国・地域に限度額が設けられている。外為管理局によると，2019 年 8 月 30 日現在，同制度の下で，15 ヵ国・地域の 221 機関と国際通貨基金（IMF）を対象に 6,933 億元が認可されている。

　厳しい資本規制が敷かれている中国では，QFII と RQFII は，上海・香港ストックコネクト（2014 年 11 月運用開始），深圳・香港ストックコネクト（2016 年 12 月運用開始），上海・ロンドンストックコネクト（2019 年 6 月運用開始）とともに，海外の投資家に中国の証券市場に投資する際の限られたチャネルを提供してきた。

　今回の緩和策では，QFII の投資限度額と，RQFII の個別機関の投資限度額と国・地域制限が撤廃された。これらの措置は，次のように中国の証券市場に新たな活力をもたらすと予想される。

　まず，中国の証券市場の対外開放は加速する。近年，A 株と人民元債券が，国際的な証券投資のパフォーマンスを測定するベンチマークとして世界中で広く利用されている MSCI，FTSE，ブルームバーグ・バークレイズのグローバル指数に組み入れられるようになった。これに象徴されるように，中国の証券市場は，世界中から投資先として注目されている。しかし，資本規制がネックとなり，潜在的需要は十分に満たされていない。QFII と RQFII の投資限度額の撤廃をきっかけに，海外から中国の証券市場への資金流入は増えるだろう。

　次に，海外の機関投資家は中国国内市場へのアクセスが一層容易になる。QFII と RQFII 制度に基づいて証監会から認可を受けた海外の機関投資家は，これまで外為管理局に投資限度額を申請する必要があったため，審査，資金調達などでタイムラグとロスが多かった。今回の投資限度額の撤廃により，これらの投資家は，外為管理局に届出を提出するだけで，規定に沿った証券投資を行うための資金を，自由に海外から送金できるようになる。また，限度額不足によって投資機会を逃がすことも避けられる。

　そして，投機が抑えられ，株価がより安定的になる。中国の株式市場のメインプレイヤーは短期のリターンを狙う個人投資家である。それゆえに，市場の投機性が強く，株価のボラティリティも高い。これに対して，機関投資家，特

に，海外の機関投資家はより長期のリターンとファンダメンタルズを重視するため，彼らの中国市場への積極的参加は，より合理的な株価の形成につながると期待される。

　最後に，海外の証券会社の中国進出は加速すると予想される。本来，海外において厚い顧客層と豊富な投資経験を持っている海外の証券会社は，中国資本の証券会社と比べて，国境を越えた資金の運用と調達にかかわる業務において，強い競争力を持っているはずである。しかし，厳しい資本規制の下で，この優位性が生かされていない。海外の証券会社にとって，対内証券投資にかかわる資本規制の緩和に向けた一歩となる QFII と RQFII の投資限度額の撤廃は，合弁証券会社への出資制限の撤廃と共に，ビジネス・チャンスの拡大を意味する。

　もっとも，今回の規制緩和は，対象が対内証券投資にとどまっており，対外証券投資には及んでいない。中国の投資家が海外の証券を取得するための最も重要なチャネルである QDII（適格国内機関投資家）の投資限度額がいつ撤廃されるかは，証券市場の対外開放の次の焦点となる。

第13章

「資本取引の自由化」という中国の視点からの考察

　人民元の国際化に向けて，中国は，「資本取引の自由化」を目指しており，それに伴う金融政策の独立性，ひいては有効性の低下を防ぐため，「人民元の変動相場制への移行」，「金利の自由化」にも同時に取り組んでいる。しかし，この「三位一体改革」を完成させるには，まだ時間がかかりそうである。

1. 未完の資本取引の自由化

　国境を越えた自由な資本移動は人民元の国際化の前提条件である。しかし，現在，中国は資本取引を依然として厳しく制限している。

　一般的に，資本取引の自由化により，国民の投資対象の選択肢が増え，分散投資を通じてリスクを抑え，企業も海外からより低コストで資金を調達することができる。しかし，その一方で，金融システムが未熟である発展途上国の場合，資本取引の自由化は，経済の不安定化要因になりかねず，慎重に進めるべきであるという認識は，経済学者と各国の政策当局の間に共有されている。

　まず，資本取引の自由化と金融危機とは，密接な関係にある。1997-1998年のアジア通貨・金融危機の経験が示しているように，金融システムが脆弱で，マクロ政策の遂行力が不十分である国では，早すぎる資本取引の自由化は，経済発展に甚大なダメージを与える恐れがある。

　また，資本規制は，行きすぎた投機がシステミックリスクを引き起こしかねない時に，緊急手段として有効である。実際，アジア通貨・金融危機に対応するために，マレーシアは厳しい資本規制を導入し，成功を収めた。

　さらに，資本取引が盛んになれば，特に固定相場制の場合，金融政策の自由

度が大幅に制限されてしまう。固定相場制を維持するためには，金融政策の独立性を放棄しなければならない。

　これらの問題は，経済発展と計画経済から市場経済への体制移行が同時に進んでいる中国の場合，より顕著である。

　まず，中国の金融システムは依然として脆弱である。特に間接金融への依存度が高く，企業債務の急増により，銀行が抱えているリスクが高くなっている。こうした中で，資本の大量流出は，国内の信用収縮を通じて，金融危機を誘発しかねない。

　また，中国は，2005年に従来の事実上のドルペッグ制から「管理変動相場制」に移行したが，人民元レートが依然として当局による外為市場への介入や中間レートの設定などによって厳しくコントロールされている。「完全変動相場制」への移行が完了するまで，金融政策の独立性を維持するために，資本規制が必要である。

　さらに，中国における所有権の保護はまだ不十分である上，腐敗の問題も依然として深刻である。資本取引の自由化は，資本逃避とマネーロンダリングを助長しかねない。

　最後に，米国はリーマン・ショック後に導入された超金融緩和の出口戦略として，利上げを実施しており，これをきっかけに，新興国から米国への資金流入が増えている。中国は世界最大の外貨準備保有国であるにもかかわらず，大規模の資本流出とそれに伴う為替レートの切り下げ圧力に直面している。

　このため，資本取引の自由化を進める際，その歩調を国内の金融システムと政策能力の強化の進展に合わせなければならない。中国の場合，特に次の点に注目すべきである。

　まず，資本取引の自由化に備えて，金利の自由化を進めなければならない。国内の金利水準が人為的に抑えられたまま，資本取引が自由になれば，より高い金利を求める資金は海外に流出してしまうだろう。

　第二に，資本取引の自由化が進むにつれて，金融政策の独立性を確保するために，為替レート弾力性を高めなければならない。最終的には，当局が市場介入を控え，為替レートの決定をできるだけ市場に任せることを意味する完全変相場動制に移行しなければならない。

　第三に，金融システムを強化しなければならない。企業の銀行への過度の依存体質を是正するため，直接金融を通じて資金を調達できるように，資本市場のさらなる発展が必要である。また，中国の株式市場は，主に個人投資家によって構成されるがゆえに投機色が強く，市場を安定化するために，機関投資家の育成が急務となっている。さらに，銀行自身のコーポレート・ガバナンスの確立を急ぐ一方，借り手である国有企業の改革も加速させなければならない。そして，銀行の監督体制に加え，近年膨張しているシャドーバンキングへの規制も強化しなければならない。

　人民元の国際化を推進するためだけでなく，中国企業の海外進出を支援するためにも，資本取引の自由化を加速させるべきだとの議論が盛んになっている。

　2012年2月に中国人民銀行調査統計局の研究チームは，「わが国の資本取引の自由化を加速する条件はほぼ整った」と題する報告書において，中国の現状について，① 銀行部門のバランスシートが健全であり，② 外貨準備が高水準に達しており，③ 対外債務，中でも短期債務の水準が低く，④ 不動産市場と資本市場のリスクは基本的に制御可能であるという認識を示している。その上で，自由化の順序として，「① 資本流入が先・資本流出が後，② 長期取引が先・短期取引が後，③ 直接投資が先・間接投資が後，④ 機関投資家が先・個人が後」という従来の考え方を踏襲し，資本取引の自由化に向けて，2022年までの10年間を対象に，次の三段階からなるロードマップを提示している。

①短期目標（1−3年）：実需原則の下で直接投資に対する規制を緩和し，企業の対外投資を奨励する。
②中期目標（3−5年）：実需原則の下で貿易関連の商業融資に対する規制緩和を促し，人民元の国際化を推進する。
③長期目標（5−10年）：金融市場の整備を急ぐとともに，市場開放のステップについて，資本流入を自由化してから資本流出を自由化し，海外資本に対して不動産，株式，債券取引への投資を漸進的かつ慎重に開放する。

　長期目標が達成される段階で，投機性の強い一部の取引を対象とする規制が

残されるが，これらが国家間の合理的な資本取引の障害にならないという観点から評価すると，基本的に資本取引の自由化が実現されることになる，という。

　しかし，先述のように，2016年以降，資本規制がむしろ強化され，これらの資本取引の自由化の目標が達成される時期は遅れてしまう可能性が高い。

2．人民元の変動相場制への移行

　中国では，資本取引の自由化が進む中で，金融政策の独立性，ひいては有効性が低下してきており，その対策の一環として，当局は固定相場制から変動相場制への移行を模索してきた。

　「国際金融のトリレンマ説」が主張しているように，どの国においても，「自由な資本移動」，「金融政策の独立性」，「固定相場制」という三つの目標を同時に達成することはできない（図表2-1参照）。中国は，長い間，事実上のドルペッグ制である固定相場制を維持しながら，資本取引を制限する（「自由な資本移動」を放棄する）ことを通じて，金融政策の独立性を維持しようとしてきた。しかし，人民元の国際化が進み，資本取引が活発化するにつれて，金融政策（中でも金利政策）の独立性，ひいては有効性も低下している。こうした中で，マクロ経済の安定のためには，変動相場制への移行という選択肢しか残っていない。

　一方，米国は，巨額に上る対中貿易赤字の原因を中国による「不当な為替操作」に求めており，人民元レートの柔軟化を要求している。

　このような内外の圧力に対応して，中国は2005年7月に人民元の対ドルレートを2.1％切り上げた上，事実上のドルペッグ制から「管理変動相場制」に移行した。2008年9月のリーマン・ショック辺りから，緊急避難的措置として一時的に事実上ドルペッグ制に戻ったが，2010年6月に再び「管理変動相場制」に復帰し，今日に至っている。

　現在，中国で実施されている「管理変動相場制」は，バンド（Band），通貨バスケット（Basket），クローリング（Crawling）に基づくBBC方式に当た

る。

　現行の制度の下では，当局は，毎日，取引が始まる前に基準となる人民元の
対ドル中間レートを発表し，1 日当たりの変動幅をその上下の一定範囲内に制
限する。当初，変動幅は，中間レートの上下 0.3％に設定されたが，2007 年 5
月 21 日から上下 0.5％に，2012 年 4 月 16 日に上下 1.0％に，そして 2014 年 3
月 17 日に上下 2.0％に拡大された。

　また，通貨バスケットについては，当局は，対ドル安定に為替政策の軸を置
きながらも，他の主要貿易相手国の通貨の対ドル変動も考慮し，人民元レート
（中間レート）を調整する。これを通じて，人民元の実効為替レートの安定を
図る。当初，通貨バスケットの構成が発表されなかったが，ドルがその大半の
ウェイトを占めていたと見られる。2015 年 12 月 11 日に，中国外貨取引セン
ター（CFETS）は，一種の通貨バスケットレートとして，人民元の 13 ヵ国・
地域の通貨からなる通貨バスケットに対する価値を示す「CFETS 人民元レー
ト指数」を公表した。当局は，人民元レートを決める際，CFETS 人民元レー
ト指数に加え，国際決済銀行（BIS）の人民元の実効為替レートと特別引出権
（SDR）が参考されていると説明している[1]。

　さらに，クローリングは当局が発表する中間レートの微調整を通じて実現さ
れる。近年，中国人民銀行は，人民元の中間レートの決定メカニズムの整備に
取り組んできた。特に，2015 年 8 月 11-13 日に人民元の切り下げを実施して
から，市場の実勢を反映させるために，前日の終値に合わせる形で中間レート
を調整するようになった。また，2016 年に入ってから，「前日終値」に加え，
「通貨バスケット調整」を考慮した方式を模索した（第 4 章参照）。そして，
2017 年 5 月に，「前日終値＋通貨バスケット調整」方式が，「前日終値＋通貨
バスケット調整＋反循環的要因」方式に改められた。しかし，「反循環的要因」
の内容が明示されていないため，新しい方式の導入により，当局が中間レート
を決める際の裁量の余地は広がっている。これは，人民元の変動相場制への移
行が一歩後退したことを意味する。

　現行の「管理変動相場制」の下では，為替レートを，中間レートを中心に所

1　中国人民銀行，「中国貨幣（金融）政策執行報告」2016 年第 1 四半期，2016 年 5 月 6 日。

定の変動幅の範囲内に収めるために，当局が日々外為市場への介入を繰り返さなければならない。このことは，ベースマネーの変動を通じてマネーサプライのコントロールを困難にし，ひいては金融政策の有効性を低下させている。

「国際金融のトリレンマ説」に沿って言えば，現在の中国では，為替レートは完全ではないがある程度の変動が認められており，また，資本取引も完全ではないがある程度自由になっているという「中間的制度」が採用されている。この制度の下で，完全ではないが，金融政策のある程度の独立性と有効性が保たれている。

「完全変動相場制」に移行していくためには，当局は中間レートの発表を中止し，また外為市場への介入を控える形で「管理」を緩めなければならない。為替レートの大幅な変動を避けるために，実施のタイミングとして，人民元レートがその均衡水準とほぼ一致する時期を選ぶべきであろう。

3．進展を見せた金利の自由化

資本取引が自由になれば，金融政策の有効性を維持するために，人民元の変動相場制への移行に加え，金利の自由化も求められる。金利の自由化により金利が資金を誘導する機能が強化され，その結果，投資がより敏感に金利の変動に反応し，金融政策の有効性も高まるだろう。一方，金利の自由化が進むにつれて，銀行の預金と貸出の他に多くの資金調達・運用の手段が現れており，マネーサプライと実体経済の相関関係が薄れ，これに合わせて金融施策の中間目標を従来の M2 から金利に移さなければならない[2]。

そもそも，市場経済において，金利は，為替レートと共に，資源の配分を大きく左右する重要な「価格」である。金利の自由化は，以下の理由から，市場経済を目指す中国にとっては避けて通れない課題である。

まず，金利の自由化により資金の利用効率が改善される。金利が低水準に規制されている場合，資金に対する需要が供給を上回り，銀行は市場原理に依ら

2　曾剛，「金利市場化と貨幣数量のコントロール」，『当代金融家』第 6 期，2014 年。

ない方法で資金を割り当てることになる。その結果，資金はリスクが低いが収益性も低いプロジェクトに集中しがちである。金利の自由化が進めば，借り手のリスクに見合った金利水準を決めることができるようになり，多くの民営企業も融資の対象となるだろう。

　また，銀行の預金金利が規制によって低水準に抑えられているため，一部の資金が高い金利を求めて，当局の監督が届かない非公式ルート（いわゆる「シャドーバンキング」）に流れてしまっているが，金利の自由化により預金金利が上昇すれば，このような資金は銀行部門に還流するだろう。

　さらに，規制金利の下では，銀行は高い利ざやが保証され，新商品やサービスを開拓するインセンティブが働かなかった。しかし，金利の自由化が進めば，銀行間の競争が激しくなる。その結果，銀行が提供する金融商品やサービスが多様化し，質も向上するだろう。

　中国における金利の自由化は，「預金と貸出よりも，マネー・マーケットと債券市場の金利」，また，預金金利と貸出金利の自由化については，「人民元よりも外貨」「預金金利よりも貸出金利」「短期と小口よりも長期と大口」を先行させるという原則に沿って漸進的に進められてきた。

　マネー・マーケットと債券市場における金利の自由化は 1990 年代後半から始まり，既にほぼ完了している。外貨の預金金利と貸出金利の自由化も，2000 年代前半に大きく進展した。さらに，人民元預金金利の下限の撤廃と人民元貸出金利の上限の撤廃（いずれも 2004 年 10 月）が実施され，大口預金金利の自由化も進展が見られた。金利自由化のプロセスはリーマン・ショックによって一時中断されたが，2012 年 6 月に，銀行を中心とする金融機関の預金金利と貸出金利の変動幅の拡大という形で再開された。2013 年 7 月に貸出金利の下限が撤廃され，2015 年 10 月に預金金利上限も撤廃され，建前上金利は完全に自由になった。しかし，現在も，中国人民銀行は預金・貸出の基準金利を引き続き公表し続けているなど，銀行の金利設定に関して，一定の影響力を残していると見られる。

　金利の自由化はメリットが大きい一方で，銀行の収益の悪化や倒産などを通じて，金融システム全体を不安定化させる恐れがある。それに備えるための預金保険制度が 2015 年 5 月 1 日に導入された。

　中国における資本取引と金利の自由化の進展に加え，債券市場の発展も人民元の国際化の前提条件となる。2016年末現在，中国の債券発行残高は9兆4,090億ドル（内政府債券は3兆3,320億ドル）と，米国の38兆1,700億ドル（同17兆ドル）に遠く及ばない[3]。その上，その大半が金融機関によって満期まで保有され，市場の流動性は低い。

3　BIS, *BIS Statistical Bulletin.*

第 14 章

「通貨圏」という地域の視点からの考察

　人民元の使用は，周辺の国々を中心に広がっている。この傾向が今後も続くと予想されることから，人民元の国際化を展望する際，通貨統合または通貨圏，具体的に言うと，「元圏」という地域の視点が求められる。中国経済との一体化が進んでいる新興工業経済地域（NIEs）と東南アジア諸国連合（ASEAN）や，中国の主導で進められている「一帯一路」沿線の国々が，「元圏」の潜在的対象地域となる。

1．中国に NIEs と ASEAN 諸国を加えた「元圏」成立の可能性

　現状では，NIEs と ASEAN 諸国は対ドル安定の為替政策をとっており，対外取引の大半がドル建てで行われているという点において，事実上ドル圏に属していると言える。これらの国々が対人民元安定の為替政策に変わり，対外取引が主に人民元で行われるようになる日は来るのだろうか。

　国際取引で使用する通貨の選択は，概念上二段階の過程を経るものと考えられる[1]。第一段階は，自国通貨と外国通貨との関係を決める為替制度の決定である。通常，この決定は政府が国家の政策目標を考慮に入れて行う。第二段階は，既定の為替制度の下で，各経済主体（輸出入業者，金融機関，中央銀行など）が，貿易・金融取引にどの通貨を使用するかという実務上の選択である。第一段階の決定が，通常マクロ経済上の政策目標とかかわるのに対し，第二段階の決定は，リスクと利益（または費用）のバランスという，主にミクロ経済

1　関志雄，『円圏の経済学』，日本経済新聞社，1995 年。

的視点に関連している。

　第一段階に当たる為替制度，特に自国通貨をどの通貨にペッグすべきかを考える際，国際経済学の教科書にも登場する「最適通貨圏の理論」は，一つの参考になる。「最適通貨圏の理論」は，通貨統合のメリット（便益）とデメリット（費用）に基づいて，通貨圏を形成する時の最適な範囲について研究するものである。このアプローチは通貨統合の「圏」の側面を取り上げ，人民元の国際化についての「地域的な視点」を提供する。

　ここで言う通貨圏とは，その地理的範囲内では，通貨統合の結果，通貨の完全な交換性（もしくは資本取引の自由）が保証される上，固定相場制あるいは共通通貨制が採用されるが，その範囲外の通貨に対しては，共同で変動相場制が採用される地域だと定義される。また，最適通貨圏とは，通貨統合に伴う便益がその費用を上回るような国の集合体を指す。これを念頭に，ここでは，通貨統合の便益と費用を検討し，その最適範囲を特定する基準を考えてみよう。

　通貨統合の最大のメリットは加盟国間の為替レートを安定化させることによって，国際取引に伴う為替リスクを低下させることである。その一方で，通貨統合は，加盟国にとって，独自の金融政策を放棄することを意味するため，一国の経済が外生的になんらかのショックを受けた時に，加盟国全体が共通の金融政策で対応しなければならない。貿易や投資などを通じて緊密に結ばれている国同士であれば，通貨統合に伴う為替リスクの低下というメリットが大きい上，各国間の景気の連動性が高く，共通するショックに対して共通の金融政策で対応できるため，独自の金融政策を放棄する費用が小さくて済む。「元圏」は，その範囲を，中国に加え，NIEs，ASEAN諸国と想定すれば，この最適通貨圏の条件が満たされつつある。

　まず，中国は既に日本に取って代わって，東アジア随一の経済大国となった。1980年には，中国のGDP規模は日本の28.0％しかなかったが，2010年に日本を抜いて米国に次ぐ世界第2位となり，2016年には日本の2.3倍に差が開いている。これを反映して，東アジア各国・地域全体（日本，NIEs，ASEAN4，中国を指す）に占める日本のシェアはピークだった1987年の74.1％から2016年には23.9％に低下する一方で，中国のシェアはボトムだった1994年の8.2％から2016年には54.3％に上昇している（図表14-1）。

図表 14-1　東アジアに占める各国・地域の GDP のシェアの推移

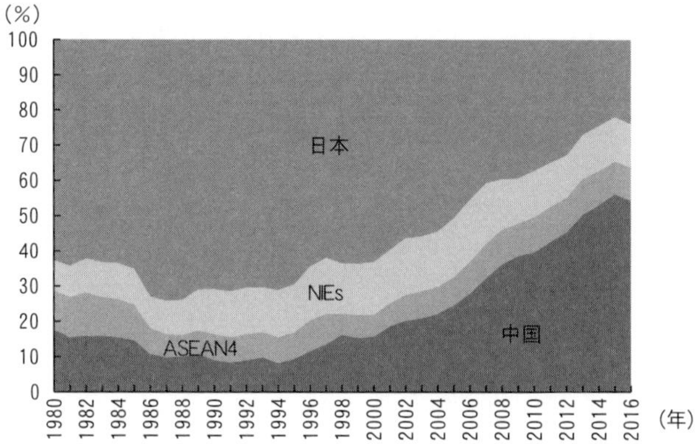

（注）NIEs は韓国，台湾，香港，シンガポール，ASEAN4 はインドネシ
　　　ア，マレーシア，フィリピン，タイを指す。
（出所）IMF, *World Economic Outlook Database*, October 2017 より作成。

　また，ほとんどの NIEs と ASEAN の国・地域にとって，中国は，米国と日
本を抜いて，最大の貿易相手国となった（図表 14-2）。これを背景に，自国通
貨の対人民元安定や，国際取引における人民元使用のメリットがますます大き
くなってきている。現に，2015 年から 2016 年にかけて，（ドルにペッグして
いる）香港を除く NIEs と ASEAN 諸国の主要通貨は，対ドルまたは対円より
も，対人民元の変動が小さくなった（図表 14-3）。これは，元安が進む中で，
各国当局が輸出の国際競争力を維持するために，自国通貨の対ドル下落を容認
したことを反映していると見られる。
　一方，貿易における相互依存関係の深化とは対照的に，資金面におけるこれ
らの国の間の結びつきはまだ弱い（図表 14-4）。特にポートフォリオ投資に関
しては，NIEs と ASEAN 諸国にとって米国が依然として最大の投資先となっ
ている。このことは，米国が世界に（米国債などの）流動性の高い安全な資産
を提供し，自らはリスク資産への投資を引き受けるという国際的な金融仲介を
行っていることを反映している。人民元がドルに代わってアジアにおける基軸
通貨になるためには，中国も現在の米国と同じように，国際的な金融仲介の役
割を果たさなければならない。中国において，開放的で流動性の高い金融市場
が確立されることがその前提条件であることは言うまでもない。

図表 14-2　NIEs と ASEAN 主要国・地域の対中，対米，対日貿易依存度

（シェア，%）

		輸出		輸入	
		2000 年	2016 年	2000 年	2016 年
韓国	対中	10.7	25.1	8.0	21.4
	対米	21.9	13.5	18.2	10.7
	対日	11.9	4.9	19.8	11.7
台湾	対中	2.8	26.3	4.4	19.1
	対米	23.5	12.0	18.0	12.5
	対日	11.2	7.0	27.5	17.6
香港	対中	34.5	55.3	42.9	44.7
	対米	23.2	8.1	6.8	4.8
	対日	5.5	2.9	12.0	6.3
シンガポール	対中	3.9	13.0	5.3	14.3
	対米	17.3	6.9	15.1	10.9
	対日	7.5	4.4	17.2	7.0
インドネシア	対中	4.5	11.6	8.1	22.9
	対米	13.7	11.2	7.9	4.8
	対日	23.2	11.1	20.3	8.8
マレーシア	対中	3.1	12.5	4.0	20.4
	対米	20.5	10.2	16.8	8.0
	対日	13.1	8.1	21.2	8.2
フィリピン	対中	1.7	11.0	2.4	18.5
	対米	30.0	15.4	18.4	8.9
	対日	14.7	20.7	18.8	11.9
タイ	対中	4.1	11.1	5.4	22.0
	対米	21.4	11.4	11.8	6.3
	対日	14.7	9.6	24.7	16.1

（注）対象国の輸出（輸入）に占める相手国の割合。
（出所）United Nations Conference on Trade and Development,
　　　　UNCTADSTAT より作成。

図表 14-3　NIEs と ASEAN 主要通貨の対人民元，対ドル，対円のボラティリティ

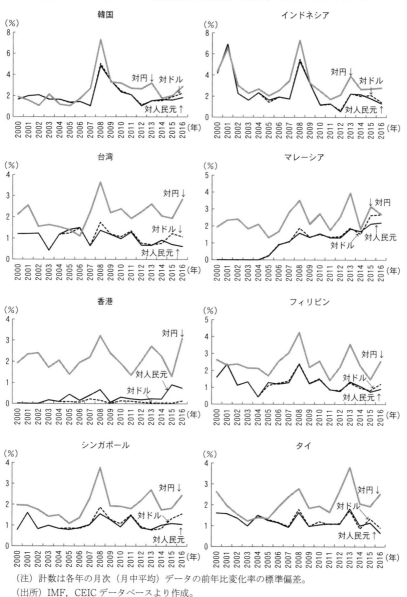

（注）計数は各年の月次（月中平均）データの前年比変化率の標準偏差。
（出所）IMF，CEIC データベースより作成。

図表 14-4　NIEs と ASEAN 主要国・地域のポートフォリオ投資における中国への依存度
（2016 年 12 月）

（シェア，％）

a ＼ b	対外ポートフォリオ投資（資産）			対内ポートフォリオ投資（負債）		
	中国	米国	日本	中国	米国	日本
韓国	3.8	46.2	4.9	0.6	36.7	4.9
台湾	n.a.	n.a.	n.a.	0.2	52.8	3.2
香港	23.0	9.8	3.7	19.9	26.4	4.1
シンガポール	9.2	30.5	n.a.	2.0	39.4	6.9
インドネシア	3.8	17.5	0.1	1.1	35.0	5.6
マレーシア	1.6	32.3	0.9	0.2	27.6	7.5
フィリピン	3.6	37.5	3.4	0.3	35.4	3.9
タイ	5.4	14.3	9.4	0.5	38.2	7.5

（注）a 国・地域の対外ポートフォリオ投資（資産）または対内ポートフォリオ投
　　　資（負債）に占める b 国の割合。
（出所）IMF, "Coordinated Portfolio Investment Survey" より作成。

2．「一帯一路」は人民元の国際化の突破口になるか

　NIEs と ASEAN 諸国に加え，中国が進めている「一帯一路」構想の対象国
も，「元圏」の潜在的範囲となる。

　「一帯一路」構想は，中国が世界経済の中心的地位を占めていた古代シルク
ロードの再現を意識しながら，アジア，ヨーロッパ，アフリカ大陸に跨がる一
大経済圏の構築を目指すものである。中国を除く「一帯一路」沿線には 64 ヵ
国が含まれており，2016 年に人口は世界の 43.4％（中国を含めると，61.9％）
に当たる 32 億 1,266 万人（同 45 億 8,211 万人），GDP は世界の 16.0％（中国
を含めると，30.9％）に当たる 12.0 兆ドル（同 23.2 兆ドル），貿易額は世界の
21.7％（中国を含めると，32.9％）に当たる 7 兆 1,890 億ドル（同 10 兆 8,990
億ドル）に上る。同年の中国の「一帯一路」沿線諸国との貿易額（輸出入の合
計）は対世界貿易額（同）の 25.7％を占めている（図表 14-5）。

　「一帯一路」におけるインフラ整備を資金面から支援するため，シルクロー
ド基金や，アジアインフラ投資銀行（AIIB），（BRICS の 5 ヵ国が主体となる）

図表 14-5　「一帯一路」沿線諸国・地域と中国の人口，GDP，輸出入の規模（2016 年）

	人口 （万人）	GDP （10 億ドル）	輸出入 （10 億ドル）	人口	GDP	輸出入 （対世界シェア，％）
一帯一路沿線（64 ヵ国・地域）	321,266	12,014	7,189	43.4	16.0	21.7
中国	136,945	11,188	3,710	18.5	14.9	11.2
一帯一路沿線＋中国	458,211	23,202	10,899	61.9	30.9	32.9
世界計（その他を含む）	740,244	75,087	33,127	100.0	100.0	100.0

（注 1）一帯一路沿線の 64 ヵ国・地域：東アジア（モンゴル），東南アジア（シンガポール，タ
イ，ベトナム，マレーシア，インドネシア，フィリピン，ミャンマー，カンボジア，ブル
ネイ，ラオス，東ティモール），南アジア（インド，バングラデシュ，パキスタン，スリラ
ンカ，ネパール，アフガニスタン，モルディブ，ブータン），中央アジア（カザフスタン，
ウズベキスタン，トルクメニスタン，キルギス共和国，タジキスタン），西アジア・北アフ
リカ（アラブ首長国連邦，サウジアラビア，トルコ，イスラエル，カタール，エジプト，
クウェート，イラク，イラン，オマーン，バーレーン，ヨルダン，アゼルバイジャン，レ
バノン，ジョージア，イエメン，アルメニア，シリア，パレスチナ自治政府），東欧（ロシ
ア，ポーランド，チェコ，ハンガリー，スロバキア，ルーマニア，ウクライナ，スロベニ
ア，リトアニア，ベラルーシ，ブルガリア，セルビア，クロアチア，エストニア，ラトビ
ア，ボスニア・ヘルツェゴビナ，マケドニア，アルバニア，モルドバ，モンテネグロ）
（注 2）中国の輸出入（3 兆 7,100 億ドル）の内，対一帯一路沿線の 64 ヵ国・地域は，9,536 億ド
ルに上り，全体の 25.7％を占めている。
（出所）国家情報センター「一帯一路」ビッグデータセンター，大連東北亜ビッグデータセン
ター，一帯一路ビッグデータ技術有限公司，大連瀚聞資訊有限公司，『"一帯一路" 貿易合
作ビッグデータ報告 2017』より作成。

新開発銀行（NDB）などが，中国の主導で設立された。この一連の取り組み
は，戦後米国が西欧諸国を対象に実施したマーシャル・プランを思わせるもの
であり，一部のメディアでは「中国版マーシャル・プラン」と呼ばれている。
「一帯一路」構想の実現に向けて，人民元の果たすべき役割が大きい。
　習近平国家主席は，2017 年 5 月 14 日に北京で開催された「一帯一路」国際
協力サミットフォーラムの開幕式において，「AIIB は既に『一帯一路』建設参
加国の 9 つのプロジェクトに 17 億ドルの融資を提供しており，シルクロード
基金の投資も 40 億ドルに達している」ことを踏まえて，「中国は『一帯一路』
建設への資金支援を強め，シルクロード基金に 1,000 億元の資金を新たに拠出
し，金融機関の人民元建て海外ファンド業務の展開を奨励し，その規模が約
3,000 億元に達すると見込まれる。『一帯一路』のインフラ整備，生産能力，金
融協力支援に向け，国家開発銀行，中国輸出入銀行はそれぞれ 2,500 億元と

1,300 億元相当の特別融資を供与する。」と表明した。

　これまで，人民元の国際化は，貿易決済における人民元の利用を中心に進んできたが，「一帯一路」の建設が進むにつれて，資本取引（主に中国からの資金流入）における人民元の利用も増えるだろう。

　中国銀行業協会貿易金融専門委員会研究グループは，「一帯一路」構想の推進を，人民元の国際化のチャンスとして捉え，次のように提言している[2]。

　まず，「一帯一路」の建設プロジェクトを通じて，人民元建て決済を促進する。各国の経済発展状況や市場の受容性，政治環境などの情況を考慮した上で，適切な方法で人民元の使用を次第に浸透させていく。例えば，パキスタン，中央アジア，ペルシャ湾沿岸の国と地域を中心に，原材料購入や，プロジェクト費用の支払いなど，道路交通，エネルギー基地の建設にかかわる取引を人民元建てで行い，大型プロジェクトには，エネルギー，資源を担保に，現地に人民元建ての融資を提供する。また，南アジア，西アジアにおいて，資源や農林水産商品の取引を中心に，二ヵ国間の人民元建て貿易を推し進める。

　次に，人民元が地域の「アンカー通貨」になることを目指して，その周辺諸国における影響力をさらに向上させる。相手国と自由貿易協定（FTA）を結び，関税障壁を取り外すことをテコに人民元建ての貿易決済を促進する。また，中国国内金融政策の安定と人民元レートの安定を保ちつつ，人民元への信認を高め，人民元の流通範囲を拡大させる。より多くの国家と地域に，人民元を外貨準備と自国の為替レートを決める際に参考する通貨バスケットに取り入れてもらえるように努力する。

　そして，国家レベルの経済交流において，いろいろな方法で人民元の使用を増やす。まず，中国企業の海外進出を加速している現状を契機に，海外へ資産と資金を移動させる時，人民元建て決済を行う。また，政府調達，優遇融資や対外援助で人民元建ての決済を行うよう提案する。援助や融資を受ける相手国が中国と貿易し，中国から投資を受け入れる際に，取引の一定の割合に人民元の使用を要求する。さらに，中央銀行間の人民元と相手国通貨の通貨スワップ規模と範囲を拡大させ，人民元がより多くの通貨と直接取引ができるようにす

　2　中国銀行業協会貿易金融専門委員会研究グループ，「中国銀行業における人民元の国際化業務の発展に関する報告」，『中国銀行業』第4期，2016年。

る，という。

　もっとも，「一帯一路」構想の推進，ひいては同地域における人民元使用の拡大に向けては，乗り越えなければならない課題が多い。

　まず，域内外の大国の支持を得ることが困難である。中国は，米国，欧州連合（EU），そして日本との間で，「一帯一路」における資源を巡って，利益の衝突が予想される。また，ロシアやインドは，それぞれ，中国の中央アジアや南アジアへの進出を警戒している。

　次に，「一帯一路」構想の対象国は，発展段階や，宗教，文化などの面で大きく異なっており，経済統合に向けた共通ルールへの合意の達成が困難である。各国が実施している高関税も，国境を越える貿易の妨げとなっている。中国は，一部の対象国との間で領土や領海の問題を抱えている。特に南シナ海と，中印の国境地域において，緊張が続いている。

　さらに，投資に伴うリスクが高い。一部の紛争地域を含め，対象国の多くは，政治，経済，社会の面において，安定していない上，道路や港湾などのハード面のみならず，法律や税制といったソフト面でのインフラがまだ整備されておらず，改善を待たなければならない。

　最後に，リスクが高い割には，投資収益率が低い。特にインフラ投資に伴う外部効果（土地価格の上昇など）の獲得ができなければ，投資側としての中国にとって，採算性が悪くなる。

　収益性とリスクのバランスを考慮すると，中国企業は「一帯一路」に投資しようとする時に慎重にならざるを得ない。その結果，同地域における人民元利用の急拡大も見込めない。

第 15 章

「国際通貨体制」というグローバルの視点からの考察

　中国を中心に「元圏」が形成されれば，国際通貨体制は，人民元，ドル，ユーロからなる「三極通貨体制」に向かうことになり，通貨間の競争が体制の安定化に寄与すると期待される。しかし，現段階では，国際通貨としての人民元の地位は依然として低く，「元圏」，ひいては，「三極通貨体制」の形成は，まだ構想の段階にとどまっている。

1．国際通貨体制の安定化に寄与すると期待される通貨間競争

　中国が人民元の国際化を推進するきっかけは，リーマン・ショックでドル体制の不安が露呈されたことである。人民元の国際化は，中国経済だけでなく，国際通貨体制の安定化にも寄与すると期待される。

　覇権安定論は権力が一つの国に集中している時こそ，国際体制が最も安定していると主張する。もしこの理論が国際通貨体制にも適用できるのならば，19世紀の金本位制による安定と 1971 年まで続いたブレトン・ウッズ体制下での安定は，それぞれ強い英国と米国のおかげだと言える。逆に，第一次世界大戦と第二次世界大戦の間の不安定は，英国が金本位制の保証人としての役割を果たせなくなったことと，米国がその責任を負いたくなかったことが原因だと言えよう[1]。1970 年代以降，ブレトン・ウッズ体制が崩壊してから，覇権国として世界に君臨する国が存在しなくなったため，国際通貨体制の多元化が進み，ヨーロッパにおいて，通貨統合が進み，ついに 1999 年に単一通貨としての

1　Kindleberger, Charles P., *The World in Depression* 1929-1939, University of California Press, 1973.

ユーロが誕生した。こうした中で，国際通貨体制の改革を考える時，多元化体制をいかに安定化させるかが重要な課題となってきた。その一つの方法は，いくつかの通貨圏を形成させた上，通貨圏の間の政策協調を行うことである。

　現行の国際通貨体制の最大の問題点は基軸通貨国である米国が国際通貨発行の特権に安住し，国際収支節度を遵守する意識が低下していることである。本来，望ましい準備通貨の条件として，その供給量の調整に当たっては，世界全体の状況と利益に配慮しなければならない。しかし，現在のドルのように特定の国の通貨が準備通貨として使われる場合，それを発行する国は常に自国の利益を優先させ，その政策により世界経済が不安定化する恐れがある。リーマン・ショックに象徴された 2008 年の米国発の世界的金融危機は，その当然の帰結であると周小川・中国人民銀行総裁が指摘している[2]。

　中国の胡錦濤国家主席（当時）も，2009 年 4 月 2 日に開催された G20 ロンドン・サミットでの演説において，国際通貨体制改革の必要性を訴えている。具体的に，今後目指すべき改革として，「国際通貨基金（IMF）は各方面，特に準備通貨を発行する国のマクロ経済政策への監督を強化・改善し，中でも通貨発行政策の監督を強化すること」，「国際通貨体制を改善し，準備通貨の発行管理メカニズムを完備し，主要準備通貨の為替レートの相対的安定を維持し，国際通貨体制の多元化，合理化を促すこと」を挙げている。

　ドルと競合関係にある国際通貨が現れると，米国の経済政策に規律上のプレッシャーをかけることになる[3]。この観点は，「中央銀行が独占している通貨発行の権利を，競争関係にある複数の民間銀行に委ねるべきだ」というフリードリヒ・ハイエク教授の提案と似ている[4]。ドルに代わる魅力のある通貨

2　周小川，「国際通貨体制改革に関する考察」，中国人民銀行ウェブサイト，2009 年 3 月 23 日。http://www.pbc.gov.cn/hanglingdao/128697/128719/128772/2847833/index.html

3　日本の大蔵省（現財務省）は円の国際化を進めた際，ドル，ユーロと円を中心とする三極通貨体制への切り替えは，米国の安定的国際通貨体制への公共財の提供における不足を補うことができると次のように説明した。「世界の三大経済地域の一端を担う欧州のユーロ及びアジアにおける主要通貨である円が，ドルを補完し，各国及び地域が節度ある経済運営を行うことにより，安定した国際通貨体制の構築に貢献することが期待される。他方，ドル，ユーロ，円といった主要通貨の変動相場制度の下では，リスク分散の観点からも，ドル，ユーロに加え，円が国際的に活用されることは望ましい。円の国際化はこうした意味で国際公共財の提供と考えることができる。」（「21 世紀に向けた円の国際―世界の経済・金融情勢の変化と日本の対応―」，大蔵省・外国為替等審議会答申，1999 年 4 月。）同じロジックは，人民元の国際化にも当てはまるだろう。

が現れれば，米国が大きな政策ミスを犯した場合，大量な資金がドル資産から離れてしまい，それに対応するために米国は緊縮的財政・金融政策を通じて輸入を抑えながら，金利を引き上げて資本の流入を促さざるを得ないだろう。もし米国が大幅なドル安を容認するならば，ドルの国際通貨としての役割は他の通貨に取って代わられる可能性がある。

　また，それぞれの通貨圏は加盟国間の為替レート変動の解消を通じて，加盟国に安定した経済環境を提供することができる。欧州における通貨統合の大きな目的の一つはまさに外部からの加盟国へのショックを和らげることである。また，経済力の弱い加盟国は自国通貨または金融政策の独立性を放棄する代わりに，中心国の信用を借りることができる。通貨統合は緊急時に加盟国に素早い支援を提供する地域セーフティネットの構築と同時進行することが多く，これは，加盟国への信認を高め，根拠のない投機行為を防ぐ効果がある。

　さらに，ドル，ユーロと人民元を中心とする三極通貨体制は，世界経済にとって，ドル体制が崩壊する際のセーフティネットになる。もし主要国がドルではなく，人民元とユーロ建てで貿易や資本取引を行うことになれば，ドル危機が引き起こす世界経済へのショックが抑えられることになる。

　最後に，ドル，ユーロと人民元の間の競争は，米国，欧州と中国間の政策協調を動かすきっかけになろう。三極通貨体の下で，政策協調の利益が大きく，利益配分も均等であることは，当事者にとって，それに積極的に参加するインセンティブになる。

2．中国の経済力の上昇と比べて出遅れている人民元の国際化

　現状では，中国はGDP規模では既に米国に次ぐ世界第2位の経済大国であるが，国際通貨としての人民元の地位は依然として低く，三極通貨体制はまだ形成されていない。

　1970年代末期から始まった改革開放政策の実施をきっかけに，中国経済は

　4　Hayek, Friedrich A., *Denationalization of Money*, London: Institute of Economic Affairs, 1978.

高度成長期に入り，GDP 成長率は 1980 年以降，一貫して世界全体を大幅に上回っている（図表 15-1）。これを背景に，中国の GDP 規模は，1980 年から2016 年にかけて，3,054 億ドルから 11 兆 2,321 億ドル（36.8 倍）へ，世界全体に占める中国の GDP（名目，ドル換算）のシェアは 2.7％から 14.9％に上昇している（図表 15-2）。

図表 15-1　中国の実質 GDP 成長率の推移
―主要国，世界との比較―

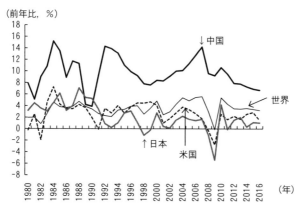

（出所）IMF, *World Economic Outlook Database*, October 2017 より作成。

図表 15-2　世界に占める中国の GDP のシェアの推移
―主要国との比較―

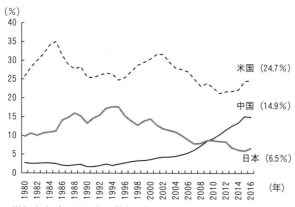

（注）（　）内は 2016 年の値を示す。
（出所）IMF, *World Economic Outlook Database*, October 2017 より作成。

　中国の躍進により，日本を含む東アジアの GDP 規模は米国と欧州連合
（EU）を上回るようになった（図表 15-3）。
　また，2001 年以降，中国による世界経済成長率への寄与度は既に米国を上
回っており，2016 年には全体（3.2％）の約 3 分の 1 に当たる 1.1％に上る（図
表 15-4）。このように，中国は，世界経済における存在感を増している。

図表 15-3　米国と EU を上回るようになった東アジアの GDP 規模

		1980 年	2000 年	2016 年
米国	GDP（10 億ドル）	2,862.5	10,284.8	18,624.5
	世界 GDP に占めるシェア（％）	25.8	30.4	24.7
EU	GDP（10 億ドル）	3,799.0	8,913.9	16,447.5
	世界 GDP に占めるシェア（％）	34.2	26.4	21.8
東アジア	GDP（10 億ドル）	1,739.5	7,750.3	20,668.1
	世界 GDP に占めるシェア（％）	15.7	22.9	27.4

　（注）EU はいずれの時点においても，現在の 28 の加盟国を対象としている。
　　　　東アジアは日本，中国，NIEs（韓国，台湾，香港，シンガポール），
　　　　ASEAN4（インドネシア，マレーシア，フィリピン，タイ）。
　（出所）IMF, *World Economic Outlook Database*, October 2017 より作成。

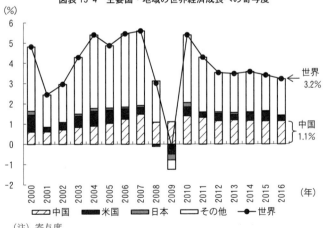

図表 15-4　主要国・地域の世界経済成長への寄与度

　（注）寄与度
　　　　＝ 成長率 × 世界 GDP 総額に占める割合（購買力平価（PPP）ベース）
　　　　2016 年中国の寄与度（1.1％）＝（6.7％）×（17.1％）
　　　　2016 年米国の寄与度（0.2％）＝（1.5％）×（15.7％）
　（出所）IMF, *World Economic Outlook Database*, October 2017 より作成。

　貿易の面では，中国は既に米国と並ぶ超大国になっている。2016 年に中国は輸出が世界の 13.2％に当たる 2 兆 980 億ドルに上り，米国（1 兆 4,550 億ドル，9.1％）を抜いて世界一の規模になっており，輸入も 1 兆 5,870 億ドル（世界の 9.8％）と，米国に次ぐ世界第 2 位となっている（図表 15-5）。

　一方，人民元の国際化は緒に就いたばかりで，人民元の国際通貨としての重要性はドルやユーロなどと比べてまだ低い。

　まず，IMF によると，2017 年 9 月末時点で，各国の外貨準備として保有される人民元の規模は，IMF に自国の外貨準備構成を申告している国の外貨準備全体の 1.1％に当たる 1,079 億ドルに上った。これは，ドル（63.5％），ユーロ（20.0％），円（4.5％），ポンド（4.5％），カナダ・ドル（2.0％），豪ドル（1.8％）に次ぐ七番目の水準となっている（図表 15-6）。2017 年 6 月 13 日に，欧州中央銀行（ECB）は人民元（5 億ユーロ相当）を初めて外貨準備に組み入れると発表した。

　また，国際銀行間通信協会（SWIFT）によると，2017 年 12 月に国際決済総額に占める人民元建て決済額のシェアは 1.61％にとどまり，順位では，ドル，ユーロ，ポンド，円に次ぐ第 5 位となっている。ピークだった 2015 年 8

図表 15-5　世界のトップ輸出・輸入国（2016 年）

順位	輸出国	金額 （10 億ドル）	シェア （％）	輸入国	金額 （10 億ドル）	シェア （％）
1	中国	2,098	13.2	米国	2,251	13.9
2	米国	1,455	9.1	中国	1,587	9.8
3	ドイツ	1,340	8.4	ドイツ	1,055	6.5
4	日本	645	4.0	英国	636	3.9
5	オランダ	570	3.6	日本	607	3.7
6	香港	517	3.2	フランス	573	3.5
7	フランス	501	3.1	香港	547	3.4
8	韓国	495	3.1	オランダ	503	3.1
9	イタリア	462	2.9	カナダ	417	2.6
10	英国	409	2.6	韓国	406	2.5

（出所）世界貿易機関（WTO, "Trade Recovery Expected in 2017 and 2018, Amid Policy Uncertainty," *Press Release*, April 12, 2017 より作成。

図表 15-6   世界の外貨準備の通貨別構成（2017 年 9 月末）

通貨	金額（10 億ドル）	シェア（%）
ドル	6,125.6	63.5
ユーロ	1,932.8	20.0
円	436.0	4.5
ポンド	433.5	4.5
カナダ・ドル	192.8	2.0
豪ドル	171.1	1.8
人民元	107.9	1.1
スイス・フラン	16.3	0.2
合計（その他の通貨を含む）	9,646.0	100.0

（注）IMF に申告している 149 ヵ国・地域の通貨構成の配分が明
　　　らかな外貨準備（allocated reserves）のみを対象としている。
　　　なお，個別の国の外貨準備の通貨別構成は IMF から発表され
　　　ていない。
（出所）IMF,“IMF Currency Composition of Foreign Exchange
　　　　Reserves（COFER）”より作成。

月のシェア（2.79％）と順位（第 4 位）に比べ，いずれも低下している（図表
15-7）。
　さらに，国際決済銀行（BIS）が 3 年毎に実施する調査によると，人民元の
1 日当たりの平均売買高は 2016 年 4 月に前回の 1,200 億ドルから 2,020 億ドル
に，世界の外国為替取引に占める割合は同 2.2％から 4.0％（一つの取引は二つ
の通貨がかかわることを反映して，すべての通貨の合計は 200％）に上昇して
いるが，通貨別ランキングでは，人民元はドル，ユーロ，円，ポンド，豪ド
ル，カナダ・ドル，スイス・フランに次ぐ第 8 位と依然として順位が低い（図
表 15-8）。
　最後に，2015 年 11 月 30 日，IMF が人民元の特別引出権（SDR）入りを承
認した（2016 年 10 月 1 日より発効）。これは人民元の国際化の一里塚である
と言えよう（中国が提唱する SDR 準備通貨構想については付録 15-1 参照）。
新しい SDR 通貨バスケットはドル，ユーロ，人民元，円，ポンドといった 5
つの通貨になり，その中に占める人民元のウェイトは 10.92％と，円（8.33％）
とポンド（8.09％）のウェイトを上回っているものの，ドル（41.73％）とユー

図表 15-7　世界の国際決済総額の通貨別構成

順位	2015 年 8 月		2017 年 12 月	
	通貨	シェア（%）	通貨	シェア（%）
1	ドル	44.82	ドル	39.85
2	ユーロ	27.20	ユーロ	35.66
3	ポンド	8.45	ポンド	7.07
4	人民元	2.79	円	2.96
5	円	2.76	人民元	1.61
6	カナダ・ドル	1.79	カナダ・ドル	1.57
7	豪ドル	1.60	豪ドル	1.39
8	スイス・フラン	1.55	スイス・フラン	1.26
9	香港ドル	1.41	香港ドル	1.22
10	タイ・バーツ	1.04	タイ・バーツ	0.94

（出所）SWIFT, "RMB Tracker" より作成。

図表 15-8　世界の通貨別為替取引高の推移（当該年の 4 月，営業日の 1 日平均）

（単位：シェア，%）

通貨	2001 年	2004 年	2007 年	2010 年	2013 年	2016 年
ドル	89.9	88.0	85.6	84.9	87.0	87.6
ユーロ	37.9	37.4	37.0	39.0	33.4	31.4
円	23.5	20.8	17.2	19.0	23.0	21.6
ポンド	13.0	16.5	14.9	12.9	11.8	12.8
豪ドル	4.3	6.0	6.6	7.6	8.6	6.9
カナダ・ドル	4.5	4.2	4.3	5.3	4.6	5.1
スイス・フラン	6.0	6.0	6.8	6.3	5.2	4.8
人民元	0.0	0.1	0.5	0.9	2.2	4.0
スウェーデン・クローネ	2.5	2.2	2.7	2.2	1.8	2.2
ニュージーランド・ドル	0.6	1.1	1.9	1.6	2.0	2.1
合計（その他を含む）	200	200	200	200	200	200

（注 1）ローカル及びクロスボーダーのディーラー間取引の重複を調整したベース。
（注 2）取引対象の 2 通貨を別々に計上するため各通貨の取引高合計は全通貨の取引高の 2 倍
　　　となる。
（出所）BIS, "Triennial Central Bank Survey – Foreign Exchange Turnover in April 2016"
　　　September 2016 より作成。

ロ（30.93％）のウェイトには，まだ遠く及ばない。

　これらの数字が示しているように，急速に高まってきた中国の経済力と比べて，人民元の国際通貨としての地位は依然として低いと言わざるを得ない。その上，国際通貨の多元化が進んでいるとは言え，ドルは依然として，基軸通貨の役割を果たしている。アジア諸国をはじめとする多くの発展途上国は，対ドル安定の為替政策をとっており，国際取引において主にドルを使用している。その背景には，以下のような要因があると考えられる。

　まず，米国は依然として世界最大の経済大国であると同時に世界最大の輸入国でもある。多くの国にとって米国は最大の輸出市場であるため，輸出を安定的に維持するためには，自国通貨の対ドル安定が望ましい。

　次に，独自に金融政策が運営できるほど金融政策当局への内外の信認が高くない国では，世界的に信認を得ているドルと自国の通貨をリンクさせることが，自国の金融政策への信認を高め，インフレ，金利を安定化させる近道である。

　そして，自国の金融市場が未発達な国では，資金の調達，運用に外国市場を使用する必要があるが，中でもドル市場は調達，運用の両面で最も発達した市場である。ドル建ての資産，負債を大量に持っている国々にとって，自国通貨の対ドル安定が望ましい。

　最後に，ドルは基軸通貨として定着しており，それゆえに，使用されるほど取引の利便性が増し，一般的受容性が高まるという規模の経済性，ひいては簡単に他の通貨に取って代わられることがないという慣性が働く。

　これを踏まえると，中国の経済力の向上に加え，資本取引の自由化を中心とする「三位一体改革」が進み，多くの国々が為替政策を従来の対ドル安定から対人民元安定に切り替えていくことが，人民元の国際化がさらに進展していく前提条件となろう。国際通貨の使用には慣性が働くことを合わせて考えれば，仮にそう遠くない将来，米中 GDP が逆転したとしても，ただちにドルから人民元への基軸通貨の交替が起こるとは考えにくい。当面，人民元の国際的使用は，中国と経済的結びつきの強い周辺諸国にとどまるだろう。

付録 15-1

注目される中国発「SDR 準備通貨構想」
──ドル基軸体制に「ノー」と言う周小川・中国人民銀行総裁

経済産業研究所　中国経済新論：世界の中の中国, 2009 年 4 月 30 日。

　米国発の金融危機が深刻化するにつれて, ドルへの信認が問われるようになり, 国際通貨体制改革を巡る議論が活発化している。中でも, 周小川・中国人民銀行総裁が G20 ロンドン・サミット (2009 年 4 月) を前に発表した「国際通貨体制改革に関する考察」という論文 (以下では「周論文」) が世界中の主要メディアに大きく取り上げられ, 話題を呼んでいる[1]。周論文は, 特定の国の通貨が「準備通貨」(= 基軸通貨) の役割を兼ねる現在のドルを中心とする国際通貨体制の限界を指摘した上, 主権国家の枠を越えた準備通貨の創出を提案している。具体的に, ドルの代わりに, IMF の SDR を準備通貨にすべきだと主張している[2]。

周小川・中国人民銀行総裁による提案

　まず, 周総裁は, 現行の国際通貨体制に存在する弊害とその限界について次のように指摘している。本来, 望ましい準備通貨の条件として, その供給量の調整に当たっては, 世界全体の状況と利益に配慮しなければならない。しかし, 現在のドルのように特定の国の通貨が準備通貨として使われる場合, それを発行する国は常に自国の利益を優先させ, その政策により世界経済が不安定

1　周小川,「国際通貨体制改革に関する考察」, 中国人民銀行ウェブサイト, 2009 年 3 月 23 日。
2　SDR とは, 加盟国の既存の準備資産を補完するために 1969 年に IMF が創設した国際準備資産であり, IMF のクォータ (出資金) に比例して加盟国に配分される。SDR は IMF や一部の国際機関における計算単位として使われており, その価値は主要な国際通貨のバスケット (加重平均) に基づいて決められる。バスケットの構成は, 世界の貿易及び金融取引における各通貨の相対的重要性を反映させるよう, 5 年毎に見直されるが, 2006 年以降, 各構成通貨のウェイトは, ドルが 44％, ユーロが 34％, 円とポンドがそれぞれ 11％となっている。

化する恐れがある。2008年の米国発の世界的金融危機は，その当然の帰結である。

このような反省に立って，周総裁は，主権国家の枠を越えた準備通貨の創出が必要であり，それに向けて，IMFのSDRの機能を拡充すべきだと提案している。最終的には，流動性の高いSDR債券市場を形成し，ドルに取って代わって，SDRが準備通貨になることを想定している。

具体的に，SDRが政府あるいは国際機関同士の決済にしか使用できない現状を改め，その使用範囲を次のように拡大すべきだとしている。

① SDRとその他の通貨との決済の枠組みを確立し，SDRの使い道を国際貿易や金融取引に広げるべきである。
② 国際貿易，取引量の多い商品の価格表示，投資及び企業の会計報告においてSDR建ての使用を積極的に推進する。
③ SDR建ての資産を積極的に作り出す。
④ SDRの価値決定・発行方式をさらに整備する。SDRの価値決定に用いるバスケットの構成通貨に新興国の通貨を加え，各通貨のウェイトを決める際，それぞれを発行する国のGDP規模を考慮する。

その上，周総裁は，IMFが構成国の一部外貨準備を集中管理することを提案している。これは，国際社会の危機対応・国際通貨金融体制の安定維持の能力強化に資するのみならず，SDRの役割を強化する有力な手段としても期待できるという。

主権国家の枠を越えた準備通貨の創設については，1940年代のJ. M. ケインズの提案に遡り，周総裁（または中国）の独自の構想ではない（BOX15-1）。最近に限っても，2009年3月16日に発表されたG20ロンドン・サミットに向けたロシア政府の提案や，同年3月19日に発表された国連の「国際金融・経済体制改革」専門家パネル（ノーベル経済学賞を受賞したコロンビア大学のジョセフ・スティグリッツ教授が議長を務める）の提案にも類似する項目が含まれている。周論文が，それらより一歩遅れて発表されたにもかかわらず，これだけ大きな反響を呼んだのは，米国の覇権への挑戦者と目されるようになっ

た中国の考え方とそれに基づく行動が，世界経済に対して大きいインパクトを
与えると予想されるからである。

中国の狙い

　中国の言動が注目される中で，胡錦濤国家主席は，2009年4月2日に開催
されたG20ロンドン・サミットでの演説において，SDR構想こそ触れていな
いものの，周論文と同様に国際通貨体制改革の必要性を訴えている。具体的
に，今後目指すべき改革として，「IMFは各方面，特に国際準備通貨を発行す
る国のマクロ経済政策への監督を強化・改善し，中でも通貨発行政策の監督を
強化すること」，「国際通貨体制を改善し，準備通貨の発行管理メカニズムを完
備し，主要準備通貨の為替レートの相対的安定を維持し，国際通貨体制の多元
化，合理化を促すこと」を挙げている。中国がこのタイミングを捉えて国際通
貨体制のあり方について積極的に主張する狙いは何であろうか。

　まず，中国は，米国を牽制しながら，新しい国際金融秩序の構築に向けて自
らの発言力を高めていきたい。

　米国では，2008年の金融危機の原因の一つは，中国など新興国の高い貯蓄
率が世界経済の不均衡を呼び，米国に流れた大量の資金がバブルの膨張を招い
たことにあるという見方がある。つまり，中国がスケープゴートとされたので
ある。これに対して，温家宝総理は既に「今回の金融危機の引き金は，米国が
長期にわたって双子の赤字と借金に頼って高消費を維持するという，深刻な不
均衡に陥ったことにある」と反論している[3]。周論文は，新たにドルを中心と
する現行の国際通貨体制の欠陥を指摘し，米国が節度のある経済運営に努めな
ければ，中国としてドルに代わる準備通貨を検討する用意があるという警告と
も取れる。

　周総裁の提案に対して，オバマ米大統領は，投資家らが米国を「世界で最も
安定した政治制度を持つ，世界最強の経済大国」と見なしていることを強調
し，新しい「国際通貨の創設は必要ない」と強気を装っている（2009年3月
24日にホワイトハウスで行われた記者会見での発言）。しかし，中国の攻勢を

3　Barber, Lionel, Geoff Dyer, James Kynge and Lifen Zhang, "Interview: Message from Wen," *Financial Times*, February 1, 2009.

受けて，米国が守りの態勢に追い込まれているようにも見える。

　また，中国は既に保有している大量の外貨準備の価値を維持するために，その運用の対象をドルから他の通貨に分散させる必要性に迫られている。2009年3月現在，中国の外貨準備は1.95兆ドルに上り，その大半は米国債をはじめとするドル資産で運用されている。米財務省の統計によると，中国が保有する米国の証券残高は1.2兆ドルに達している（2008年6月現在）。これまでドル資産は安全だと思われていたが，2008年の世界的金融危機を経て，その保有に伴うリスクが広く認識されるようになった。

　実際，温家宝総理は，2009年の全国人民代表大会終了後の記者会見（3月14日）で，「我々は巨額の資金を米国に貸したのだから，我々の資金が安全かどうか気になるのは当然だ。本音を明かすと，確かに少し懸念がある」と明言した。温家宝総理が心配しているのは，米国政府による債務不履行よりも，保有している（またはこれからも増え続けるだろう）米国債の購買力が維持できるかどうかである。米国債はドル建てになっているので，米国政府はいつでもドル札を刷って，それを債務の償還に充てることができる。しかし，ドルが乱発されるようになると，米国でインフレが起こり，ドル金利が上昇し（債券価格が低下し），ドルも下落するだろう。その結果，米国政府が約束通りに金利を支払い，国債を償還しても，戻ってくるドルの購買力が下がってしまうのである。

　周総裁の提案通り，SDR建ての債券市場が発達すれば，中国は外貨準備に占めるドル建て資産の割合を減らす代わりに，SDR建ての資産の割合を引き上げるだろう。SDRは複数の通貨から構成されるので，SDR資産に投資することは，複数の通貨に同時に投資するのと同じような為替リスクの分散効果が期待できる。

SDR 準備通貨体制への課題

　しかし，SDR準備通貨体制を実現するためには，克服しなければならない課題がまだ多い。

　まず，SDRを発行するIMFは米国をはじめとする先進国の出先機関という性格が強く，これらの国の賛同がなければ，周総裁の提案を実現できない。

IMF において，各国の議決権は出資金（クォータ）に比例しているが，現在，米国は 16.77％ という高いシェアを持っているだけでなく，重要な事項において事実上の否決権を持っている。また，IMF の歴代の専務理事はヨーロッパ出身者によって占められている。これに対して，中国のシェアは 3.66％ にとどまっている。IMF における中国の発言力を高めていくためには，自らの出資のシェアを増やす一方で，米国やヨーロッパ諸国のシェアを下げてもらわなければならない。これは，欧米諸国がこれまで持っている既得権益を放棄することを意味するだけに，難航が予想される。

　また，SDR 建て債券市場について，運用の面では需要があっても，調達の面において債券発行による供給がついていかなければ，市場が成立しない。このようなミスマッチを解消していくために，世界最大の借り手である米国政府が資金を調達する際，一部の為替リスクを分担する形で，ドル建てから SDR 建てに切り替えていくことが求められる。しかし，ドル体制が動揺し，ドル建てでの米国債の発行が困難になるという最悪の状況にならない限り，米国政府は，積極的に参加しないであろう。

　さらに，周総裁も認めているように，安定的で各国が受け入れられる新たな準備通貨を実現するには，長い時間がかかるだろう。中でも，ケインズが構想した国際通貨単位を設立することに至っては，「人類にとって大胆な構想であり，その実現のためには各国政治家が非凡な先見性と勇気を引き出すことが必要である。」これが期待できない以上，主権国家の枠を越えた準備通貨は実現できないであろう。

　このように，中国発の SDR 準備通貨構想は，あくまでも米国を牽制し中国の発言力を高めるための手段であって，本気で目指す目標ではないように思われる。そうだとすれば，中国にとって，周論文の本当の目的は既に達成されていると言える。

BOX15-1　これまでの「主権国家の枠を越えた国際通貨構想」

　主権国家の枠を越えた国際通貨構想は昔からあった。その中で特に知られているのは，20世紀の最も偉大な経済学者とされるJ. M.ケインズと，R.トリフィンイェール大学教授の提案である。

　1944年に米国のニュー・ハンプシャー州ブレトン・ウッズで開催された会議で，戦後の国際通貨体制の枠組みを巡って，新たな国際通通貨としての「バンコール」（Bancor）を発行する清算同盟の設立を主張する英国代表ケインズと，「ドルを基軸通貨」と主張する米国代表のH. D.ホワイトが激しく対立した。最終的には，ケインズ案が棄却され，米国の政治力をバックにホワイト案に沿ってドルを基軸通貨とするブレトン・ウッズ体制ができたのである。

　1960年代になると，トリフィン教授は，当時のブレトン・ウッズ体制の内在的欠陥として，基軸通貨国である米国が貿易収支の均衡を維持しようとすると世界経済がドル不足に陥る一方，米国の貿易収支が定常的に赤字になればドルが過剰になりドルへの信任が低下することを指摘した。この「トリフィン・ジレンマ」を解消するために，特定の主権国家とリンクしない準備通貨の創出を提案し，これは1969年にSDRが創出されることにつながった。

　主権国家の枠を越えた国際通貨構想が実現されたケースもある。共通通貨として1999年に発足したユーロはその好例である。ユーロは，すべての国が採用することを想定したケインズのバンコールと違って，それを採用するのがヨーロッパの一部の国に限られるが，複数の国による合意に基づいて作り出された通貨であるという意味において，ケインズの提案と共通している。

参考統計

人民元レートと中国の主要経済指標の推移

年	人民元レート		人民元の実効為替レート		輸出	輸入	経常収支	
	対ドル	対円	名目	実質				対GDP比
	年平均,元/ドル	年平均,元/100円	年平均 2010年=100	年平均 2010年=100	億ドル	億ドル	億ドル	%
1978	—	—	—	—	98	109	—	—
1979	—	—	—	—	137	157	—	—
1980	—	—	—	—	181	200	—	—
1981	1.71	0.77	—	—	220	220	—	—
1982	1.89	0.76	—	—	223	193	57	2.0
1983	1.98	0.83	—	—	222	214	42	1.4
1984	2.33	0.98	—	—	261	274	20	0.6
1985	2.94	1.25	—	—	274	423	-114	-3.7
1986	3.45	2.07	—	—	309	429	-70	-2.3
1987	3.72	2.58	—	—	394	432	3	0.1
1988	3.72	2.91	—	—	475	553	-38	-0.9
1989	3.77	2.74	—	—	525	591	-43	-0.9
1990	4.78	3.32	—	—	621	534	120	3.0
1991	5.32	3.96	—	—	718	638	133	3.2
1992	5.51	4.36	—	—	849	806	64	1.3
1993	5.76	5.20	—	—	917	1,040	-119	-1.9
1994	8.62	8.44	73.0	69.4	1,210	1,156	77	1.4
1995	8.35	8.92	73.5	77.4	1,488	1,321	16	0.2
1996	8.31	7.64	77.8	85.6	1,511	1,388	72	0.8
1997	8.29	6.86	84.1	92.2	1,828	1,424	370	3.8
1998	8.28	6.35	92.3	97.6	1,837	1,402	315	3.0
1999	8.28	7.29	91.0	92.8	1,949	1,657	211	1.9
2000	8.28	7.69	93.0	93.2	2,492	2,251	204	1.7
2001	8.28	6.81	98.6	97.5	2,661	2,436	174	1.3
2002	8.28	6.62	98.3	95.0	3,256	2,952	354	2.4
2003	8.28	7.15	92.0	88.2	4,382	4,128	431	2.6
2004	8.28	7.66	87.6	85.5	5,933	5,612	689	3.5
2005	8.19	7.45	87.2	84.6	7,620	6,600	1,324	5.7
2006	7.97	6.86	89.2	85.8	9,690	7,915	2,318	8.4
2007	7.60	6.46	90.2	88.8	12,201	9,561	3,532	9.9
2008	6.95	6.74	96.3	96.4	14,307	11,326	4,206	9.1
2009	6.83	7.30	102.1	100.8	12,016	10,059	2,433	4.7
2010	6.77	7.73	100.0	100.0	15,778	13,963	2,378	3.9
2011	6.46	8.11	100.2	102.6	18,984	17,435	1,361	1.8
2012	6.31	7.90	105.9	108.7	20,487	18,184	2,154	2.5
2013	6.19	6.33	111.8	115.7	22,090	19,500	1,482	1.5
2014	6.14	5.82	114.5	118.4	23,423	19,592	2,360	2.2
2015	6.23	5.15	124.8	129.5	22,735	16,796	3,042	2.7
2016	6.64	6.12	119.3	124.6	20,976	15,879	2,022	1.8
2017	6.75	6.02	116.3	121.0	22,633	18,438	1,951	1.6
2018	6.62	5.99	118.0	122.6	24,874	21,356	491	0.4
2019	6.90	6.34	116.1	122.0	24,990	20,771	1,775	1.2

（注）2020年3月現在のデータである。過去のデータが修正されることがあるため，各項目の数字
　　　は本文に記載されるものと異なる場合がある。

（出所）人民元の対ドルレート，人民元の対円レート，輸出，輸入，経常収支，外貨準備，経済成
　　　　長率は国家統計局『中国統計摘要2019』，人民元の実効為替レート（名目，実質とも）は

米国の対中貿易収支	外貨準備	対外純資産	経済成長率	CPI インフレ率	GDP			年
億ドル	年末値, 億ドル	年末値, 億ドル	%	%	億ドル	対世界シェア %	1人当たり ドル	
－	2	－	11.7	0.7	－	－	－	1978
－	8	－	7.6	1.9	－	－	－	1979
－	-13	－	7.8	7.5	3,053	2.7	309	1980
－	27	－	5.1	2.5	2,908	2.5	291	1981
－	70	－	9.0	2.0	2,867	2.6	282	1982
－	89	－	10.8	2.0	3,077	2.7	299	1983
－	82	－	15.2	2.7	3,166	2.7	303	1984
0	26	－	13.4	9.3	3,126	2.5	295	1985
-17	21	－	8.9	6.5	3,033	2.1	282	1986
-28	29	－	11.7	7.3	3,303	2.0	302	1987
-35	34	－	11.2	18.8	4,119	2.2	371	1988
-62	56	－	4.2	18.0	4,611	2.3	409	1989
-104	111	－	3.9	3.1	3,986	1.7	349	1990
-127	217	－	9.3	3.4	4,156	1.7	359	1991
-183	194	－	14.2	6.4	4,957	2.0	423	1992
-228	212	－	13.9	14.7	6,231	2.4	526	1993
-295	516	－	13.0	24.1	5,665	2.0	473	1994
-338	736	－	11.0	17.1	7,369	2.4	608	1995
-395	1,050	－	9.9	8.3	8,672	2.7	709	1996
-497	1,399	－	9.2	2.8	9,653	3.0	781	1997
-569	1,450	－	7.8	-0.8	10,326	3.3	828	1998
-687	1,547	－	7.7	-1.4	10,971	3.3	872	1999
-838	1,656	－	8.5	0.4	12,149	3.6	959	2000
-831	2,122	－	8.3	0.7	13,441	4.0	1,053	2001
-1,031	2,864	－	9.1	-0.8	14,775	4.3	1,150	2002
-1,241	4,033	－	10.0	1.2	16,711	4.3	1,293	2003
-1,623	6,099	2,362	10.1	3.9	19,662	4.5	1,513	2004
-2,023	8,189	3,517	11.4	1.8	23,088	4.9	1,766	2005
-2,341	10,663	5,163	12.7	1.5	27,743	5.4	2,111	2006
-2,585	15,282	9,421	14.2	4.8	35,715	6.1	2,703	2007
-2,680	19,460	13,901	9.7	5.9	46,043	7.2	3,467	2008
-2,269	23,992	12,988	9.4	-0.7	51,217	8.5	3,838	2009
-2,730	28,473	14,783	10.6	3.3	60,664	9.2	4,524	2010
-2,952	31,811	15,256	9.6	5.4	75,221	10.3	5,583	2011
-3,151	33,116	16,749	7.9	2.6	85,703	11.5	6,329	2012
-3,187	38,213	18,091	7.8	2.6	96,350	12.6	7,081	2013
-3,448	38,430	16,028	7.3	2.0	105,345	13.4	7,702	2014
-3,673	33,304	16,728	6.9	1.4	112,262	15.0	8,167	2015
-3,468	30,105	19,504	6.7	2.0	112,218	14.8	8,116	2016
-3,754	31,399	21,007	6.8	1.6	120,623	15.1	8,677	2017
-4,195	30,727	21,301	6.6	2.1	134,074	15.8	9,608	2018
-3,456	31,079	－	6.1	2.9	143,422	－	10,244	2019

BIS, "Effective Exchange Rate Indices", 米国の対中貿易収支は U.S. Census Bureau, 対外純資産は国家外為管理局「中国対外資産負債残高表」, GDP, GDP の対世界シェア, 1人当たり GDP は IMF, *World Economic Outlook Database* より作成。

著者紹介

関　志雄（かん・しゆう）

株式会社野村資本市場研究所　シニアフェロー
独立行政法人経済産業研究所　コンサルティングフェロー
1957 年香港生まれ。1979 年香港中文大学卒，1986 年東京大学大学院経済学研究科博士課程単位取得退学，1996 年東京大学経済学博士。香港上海銀行，野村総合研究所，経済産業研究所を経て，2004 年 4 月より現職。
著書に『円圏の経済学』（日本経済新聞社，1995 年，1996 年度アジア・太平洋賞特別賞受賞），『円と元から見るアジア通貨危機』（岩波書店，1998 年），『人民元切り上げ論争』（編著，東洋経済新報社，2004 年），『共存共栄の日中経済』（東洋経済新報社，2005 年），『中国 経済革命最終章』（日本経済新聞社，2005 年），『中国を動かす経済学者たち』（東洋経済新報社，2007 年，2008 年度樫山純三賞受賞），『チャイナ・アズ・ナンバーワン』（東洋経済新報社，2009 年），『中国 二つの罠』（日本経済新聞出版社，2013 年），『中国「新常態」の経済』（日本経済新聞出版社，2015 年）など，多数。
政府委員として，経済審議会 21 世紀世界経済委員会委員（1996-97 年），財務省関税・外国為替等審議会専門委員（1997-99 年，2003 年-2010 年），内閣府「日本 21 世紀ビジョン」に関する専門調査会　グローバル化 WG 委員（2004 年）を歴任。

未完の人民元改革
—国際通貨への道—

2020 年 4 月 15 日　第 1 版第 1 刷発行　　　　　　　　　　検印省略

著　者　　関　　　志　　雄

発 行 者　　前　　野　　　　隆

　　　　　　東京都新宿区早稲田鶴巻町 533
発 行 所　　株式
会社　文　眞　堂
　　　　　　電　話　03（3202）8480
　　　　　　FAX　03（3203）2638
　　　　　　http://www.bunshin-do.co.jp
　　　　　　郵便番号(162-)(0041) 振替00120-2-96437

印刷・モリモト印刷／製本・高地製本所
©2020
定価はカバー裏に表示してあります
ISBN978-4-8309-5050-6 C3033